해피 알로하 하와이

Happy Aloha Hawaii

해피 알로하 하와이

박성혜 지음

와이메아 베이 비치
라니아케아 비치
알리비치
할레이바
HALE'IWA
NORTH SHORE
카에나 포인트
93
DOLE
Waianae 용과농장
Ka'aha'aina Cafe
메일리 필박스
하와이안 레일웨이 소사이어티
진주
코올리나 라군
호아칼레이 컨트리 클럽
N
W   O   E
S

Oahu
HAWAII

83
쿠알로아 랜치
칼라파와이 마켓
카일루아 비치
라니카이 비치
HO'OMALU HIA
BOTANICAL GARDEN
호오말루히아
식물원
마노아 폴스
트레일
Moanalua Gardens
MUSEUM OF ART
호놀룰루 미술관
72
이올라니 궁전
코코헤드 트레일
마카푸우 포인트 등대
샌디비치
호놀룰루
제공항
알라모아나
비치파크
와이키키
비치
다이아몬드 헤드
코코 크레이터
식물원
하나우마베이

하와이에 미치다

첫 하와이는 모르는 것투성이였지만, 두려움은 없었다. 출발하는 날까지 회사 업무에 치였다. '비행기, 호텔, 렌터카를 예약한 것도 다행이다'라고 할 만큼. '처음이니깐 그랬던 거야' 하고 셀프 위안을 해보지만, 지금 생각해 보면 그때의 내 모습에 웃음이 난다. 시차, 컨디션 무시하고 하와이 마우이섬 도착 이튿날 할레아칼라 일출을 보겠다며 새벽 2시 기상, 마우이 2박+오아후 4박 일정이라는 용감한 계획을 세웠으니 말이다. 그래도 분명했던 건 '하와이'로 향하는 비행편이 밤이었지만, 마음은 한낮의 생기로 가득할 만큼 들떠 있었다.

첫 번째 하와이 여행을 마치고 일 년 뒤 한 달이라는 조금 더 여유 있는 일정으로 찾았다. 한 달이면 충분할 거라는 애초의 마음과 달리, 한국으로 돌아오는 날 호놀룰루 공항으로 향하는 H1 고속도로 어디쯤에서 눈물을 훔쳤다. 그 눈물을 달래준 건 '다시 또 오자'라는 남편의 제안이 아닌 귀국편 좌석 업그레이드였다. 오버 부킹이 된 탓에 남편

EKOMO MAI
WELCOME

과 나는 비행기 2층 비즈니스 자리에서 안락함을 누렸다. 이마저도 하와이가 마지막까지 선물을 주는 것이라며 좋아했다.

언젠가는 시어머니와 단둘만의 여행을 감행하기도 했는데, 지인들은 이를 두고 "하와이에 미쳐야지만 할 수 있는 일"이라며 놀리기도 했다. 친한 친구들에게도 "한 번 가봐. 좋아"라며 제안했고 몇몇은 여행을 여러 차례 했다. 재방문의 과정은 대부분 비슷했다. 친구와 (혹은 혼자서) 하와이를 시작했다가 가족과 두 번째 여행하고, 이 좋은 걸 부모님, 모임, 회사 직원과도 나눈다. 하와이 여행 세 번이 네 번이 되고, 그러다 가이드북 작업 제안을 받고 다섯 번이 여섯 번이 되고, 여행과 출장이 반복되면서 하와이는 점점 내가 태어나고 자란 고향, 경북 칠곡군 왜관보다 더 친근한 장소가 되어갔다.

『세이노의 가르침』에 '모르면 괴롭고, 알면 즐겁다'라는 문구가 나온다. 무지로 시작했던 탓일까. 괴롭진 않았지만, 갈증은 생겼다. 나는 꽤 빠른 속도로 하와이를 흡수했다. 하나씩 알아가는 정보가 재미있었고, 더 잘 알기 위해 자연스럽게 하와이 연관 검색 키워드가 늘어갔다. 구글 지도에 저장된 별표도 하와이 밤하늘의 별처럼 많아졌다. 해를 거듭할수록 배움에도 욕심이 생겼다. 하와이에 대해서라면 뭐든 알고 싶었다. 특히 여행과 관련한 장소와 소식 등은 빼놓을 수가 없었다. 두 발로 직접 부딪혀서 해보고, 눈으로 직접 보면서 익혔다. 누가 확인하는 것도 아닌데 그래야 마음이 편했다. 통장 잔액은 여행 경험치와 반비례가 되어갔다. 하와이를 더 잘 알기 위해 언제 그만뒀는지 기억도 나지 않은 영어 회화를 다시 시작했다.

2014년 첫 하와이 여행 때보다 호텔 값도 물가도 많이 올랐다. 세계 최초 선크림 법, 기후세 도입, 에어비앤비 법 개정 등 상황도 여러모로 변했지만, 그럼에도 하와이는 명불허전의 여행지이다. 한 번도 안 간 사람은 있어도, 한 번만 가본 사람은 없다는 하와이. 말로 설명하기 어려울 만큼 나의 하와이 사랑은 넘쳤고, 욕심이라고 하기엔 집착에 가까운 것일 수도 있었다. "또 가?"라는 말을 들으면 민망했고, 내 돈으로 내가 좋아서 가는데도 숨겼다. 누가 뭐라고 하든 하와이에 대해서만큼은 진심이었다. 하와이는 내가 욕심을 낸다고 해서 소유할 수 있는 게 아니라는 걸 알면서도, 앞만 보고 달린 이 사랑에 후회는 없다. 내가 하기로 한 것, 내가 좋아서 스스로 한 결정이었으니까. 남편은 내게 "하와이만 가면 트리플 E가 되는 것 같아"라고 한다. 정말 하와이에 가면 없던 힘도 생기고, 세상 어쩌면 그렇게나 적극적인 사람이 되는지, 가끔 나도 궁금하다.

하와이는 내가 한 걸음 더 큰 세상으로 나오는 창구가 되었다. 여행에서 일이 되었고, 일은 꼬리를 물고 또 다른 일로 이어졌다. 하와이 가이드북을 쓰고 에세이를 더했다. 그렇게 여행 작가로 살게 했고, 여행 채널 라이브 쇼핑 방송에서 하와이 항공권과 호텔 상품 세일즈를 했다. 네이버 여행 온라인 커뮤니티에서 부매니저로도 활동 중이고, 하와이 여행을 준비하는 이들을 대상으로 여행 설명회도 한다. 아주 가끔은 현지에서 가이드 역할도 한다. 초등학생 친구들을 데리고 여름과 겨울 영어 캠프도 떠난다. 누군가의 걸음을 돕는 시간이 뿌듯하고 재미있다.

그렇게 더해지고 쌓인 시간이 어느새 스무 번이다. 스무 번의 하와이, 처음은 막연한 여행지로 시작했지만 이제는 눈 감고도 그림 그릴 수 있는 곳이 되었고, 웬만한 길은 내비게이션 없이도 움직인다. 하와이 역사와 문화, 한국 이민 역사 이야기에 눈뜨게 되었고, 단순히 스치는 여행지로서의 모습이 아니라 깊고 넓게 천천히 이곳을 보는 방법을 터득해 갔다.

이 책은 10년의 하와이를 되돌아보는 나의 여행 성장기이다. 무지했던 내가 하나씩 터득하며 배운 하와이는 매 순간이 즐거웠다고 할 수는 없다. 그럼에도 모든 순간은 내가 자라는 거름이 되었다. 로컬들의 밥상을 책임지는 한인 농장에서 배운 한국인의 부지런함과 땅의 가르침, 로컬들에게 배운 오하나(가족)의 배려와 마음, 하와이 구석구석에서 만난 진정한 알로하의 순간들! 하와이는 누가 뭐라고 해도 완벽한 여행을 위한 최고의 휴양지이다. 휴양에서 시작해 이들 삶을 배우고 이해하는 동안, 나에게 하와이는 휴양지 너머의 의미를 가진 곳이 되었다. 이곳에서 일하는 순간에도 감사한다. 이런 곳에서 일할 수 있다는 건 축복 그 자체이니까. 여행자들처럼 마음껏 시간을 누리지는 못하지만, 이렇게 좋은 환경에서 일하는 게 행복할 따름이다.

나도 몰랐던 나 자신을 들여다볼 수 있게 해준 10년의 하와이. 고대 하와이안의 지혜 호오포노포노(Ho'o ponopono)는 '자신이 자신답게 존재한다'라는 것을 뜻한다. 욕심을 내면서 얻은 건, 하와이를 알게 된 만큼, 나를 더 많이 알게 되었다는 거다. 하와이 여행을 통해 나는 나를 더 많이 사랑하게 되었다. 더 깊어진 나를 만들어준 그간의 하와이 여정이 누군가에게 작은 힐링의 시간이, 그리고 또 누군가는 하와이를 만나고, 또 하와이 여행을 꿈꾸는 씨앗이 되기를 희망해본다.

Contents

Part 2

지금은, 알로하 타임

Part 3

천천히, 느리게 머물다

Part 1

파라다이스로 향하다

"하와이는 여행자들에게는 삶의 작은 쉼표 하나를 찍는 곳이자,

누군가에게는 삶의 터전이다. 하와이가 '작은 고향'이라는 뜻을 가진 것처럼."

생애 첫 하와이를 만나다

오스트리아 어딘가에서 프라하로 향하는 기차를 탔다. 열차 객실에서 좌석 문제로 약간의 소동이 있었고, 마침 근처에 있던 한국인 중년 부부의 도움을 받아 별문제 없이 프라하 중앙역까지 도착했다. 그런데 프라하가 이렇게 좁은 도시였던가! 이튿날 구시가지 광장에서 또 만났다. 좁은 골목을 가득 채운 인파 속에서 스치며 "어…. 안녕하세요!"라고 인사했다. 20~30분이 지났을까. 우린 천문시계탑 아래에서 마치 시간 약속이나 한 것처럼 재회했다. 이쯤 되면 프라하의 연인이라기보다 프라하의 인연이 아닌가.

60대쯤으로 보인 부부는 우연히 세 번이면 인연이라며 가볍게 맥주 한 잔을 제안했다. 딱히 거절할 명분이 없었다. 타국에서 이런 만남도 즐겁지 아니한가. 그렇게 시계탑 앞 노천카페에 앉아 맥주잔을 기울이며 두런두런 이야기를 나눴다. 시끌벅적한 인파 속에서 한국어로 나누는 대화는 집에 두고 온 아이들 걱정 같은 일상과 서로의 여행에 관한 이야기였다. 여행을 즐기는 그 부부는 우리에게 "하와이는 인생에 한 번쯤 꼭 가봐야 해요"라며 추천했다.

그때까지만 해도 하와이는 우리 부부에게 너무 멀고 낯선 나라였다.

누군가 "어디로 여행 가고 싶어?"라고 물어보면 대부분 유럽이나 미국 본토 어딘가를 떠올렸다. 여행 가고 싶은 나라 중 하와이의 'ㅎ'은 어디에도 없었다. 누군가는 꿈의 여행지, 버킷리스트라고 하지만 솔직히 내게 그런 의미는 눈을 씻고 찾아봐도 없었던 곳이다. '하와이'를 알게 되려고 했던 걸까. 그 이후 남은 일정 동안 카렐교, 프라하성, 바츨라프 광장 등 프라하 그 어디에서도 다시 그 부부를 만날 수 없었다. 동유럽 여행 후 한국에 돌아와 다음 여행지를 고민하던 우리는 미국행 티켓을 발권한다. 하와이만 가기에는 아쉬움이 클 거 같아 미국 서부까지 더했다. 그렇게 2014년, 우리는 호놀룰루행 항공기에 몸을 실었다.

E hoʻolohe i kekahi, a e hoʻomanaʻo i kekahi.
Listen to one another, and remember each other
서로의 이야기에 귀를 기울이고, 서로를 기억하세요.

하와이 항공권, 얼마면 되는 걸까?

　당시에 미국 서부와 하와이 여행을 함께 해볼 계획이었다. 분명했던 건 '하와이 여행 6일이면 충분하겠지'라고 여겼다는 것이다. 무지에서 비롯된 판단이었지만, 지금 돌이켜보면 하와이 여행이 처음인 사람이라면 다들 그렇게 생각하지 않을까? 하와이안항공을 타고 하와이에서 미국 서부 어딘가로 가는 여정이었다면, 스탑오버로 항공권 비용을 절약할 수 있었을 텐데 그때만 해도 내게 그런 정보는 없었다. 미국 서부 +하와이 여행할 때 국적기를 이용하고도 왕복 100만 원이 되지 않은 비용으로 항공권을 예약했다. 물론 10년 전 일이다.

　지난 10년간 하와이 항공권은 롤러코스터를 타듯 오르락내리락했고, 지금도 비슷하다. 물가 상승률 대비, 유류 할증료 인상 등에 따라 항공권 가격이 천차만별이기 때문에 저비용 항공사가 하와이 취항을 했을 때는 뒤도 돌아보지 않고 항공권 결제를 했다. 왕복 40만 원부터 티켓을 예매할 수 있었는데, 이 가격을 보고 어찌 손가락이 가만히 있을 수 있단 말인가! 다만 하와이가 처음인 이들은 항공권과 물가가 생각보다 저렴하다고 여겼다. 하와이가 괌과 비슷할 거라고 생각했던 이들이 많았다. 하지만 항공권까지만이다. 비행시간, 호텔 가격 및 컨디션, 맥도날드 햄버거 콤보 가격을 보니 하와이는 괌에 비교할 수 있는 곳이 아니었다.

하와이 항공권은 코로나 이전 80~90만 원만 해도 평균이라 할 수 있었지만, 코로나 이후로는 100만 원을 훌쩍 뛰어넘는다. 이제는 100만 원 미만이면 감사해야 할 가격이라고 해야 할까. 성수기라면 이 가격 또한 고마운 가격이다. 지금까지 결제해 본 가격 중 가장 비싼 금액은 220만 원이었다. 물론 7월 여름 성수기 기간이었다. 그렇게 내 인생 가장 비싼 하와이행 티켓을 끊었다. 이후로는 기준이 220만 원이 되어 버린 부작용이 있지만, 이코노미석을 이 돈 주고 타다니.

많은 여행자가 항공권부터 저렴하게 구하고자 한다. 물론 나도 예외는 아니다. '어느 정도면 적정 가격인가?' 하는 질문에 속 시원한 대답을 하기는 어렵다. 항공권은 계속 오르고 여행 시기에 따라 평균 가격도 달라지니까! 국적기를 타느냐, 외항기를 타느냐, 직항인지, 경유인지에 따

라 변수도 있기 마련이니 말이다. 아이러니한 건, 항공권 가격은 계속 오르는데 마일리지 발권은 예나 지금이나 같은 포인트라는 거다.

항공권 구매와 가격에 정답은 없지만, 주말과 월요일보다 화요일, 수요일, 목요일, 3월과 11월 좀 더 저렴한 편이다. 가장 중요한 것은 항공권 구매 가격이 얼마든 발권까지 마쳤다면, 뒤돌아보지 않는 것이 정신 건강에 좋다는 사실.

Hey Honolulu, we're going to happy Hawaii. – 'Happy Hawaii', ABBA
헤이 호놀룰루, 우리는 행복한 하와이로 떠납니다 – '해피 하와이', 아바

하와이안항공을 타고, 하와이 가는 길

　인천에서 출발해 하와이 관문인 호놀룰루 공항으로 직항하는 항공사는 단 네 곳뿐이다. 물론 경유 편까지 더해지면 그 수는 좀 더 많아질 테지만 직항만 두고 보면 대한항공, 아시아나항공, 하와이안항공, 에어프레미아, 이렇게 네 곳의 항공사가 있다(2025년 8월 기준).

　국적기는 익숙하고 편리하다는 이유로 많은 여행자가 선호하지만, 하와이안항공은 예약하려다가 잠깐 머뭇거리게 될 때가 있다. 국적기에 비해 생소하니 그럴 수밖에. 하와이안항공은 하와이에서는 대한항공과 같은 존재이다. 1929년 첫 운항을 시작했으니 곧 창립 100주년을 앞두고 있고 여행 전문지『콘데 나스트 트래블러』선정 미국 본토와 하와이를 연결하는 노선 가운데 미국 내 항공사 중 최상위에 오르기도 했다. 한국 여행자들이라면 국적기 서비스가 익숙하겠지만, 하와이안항공도 괜찮은 선택지가 될 수 있다. 2024년 하와이안항공은 세계 최초로 스타링크를 항공기에 채용했다. 직접 사용하면 빠르고 끊어지는 게 없다는 걸 알 수 있다. 아니 하늘 위에서 이렇게 빨라도 되는 건가 싶을 만큼, 한국인들이 좋아하는 빠름이다. 상공에서 게임도 버퍼링 없이 할 수 있는 인터넷 속도를 자랑하는데, 그것도 무료로 제공

한다.

하와이 스케줄이 잡혀서 항공권을 예매하는데, 국적기와 하와이안항공의 가격 차이가 40만 원가량 되었다. 평소 대한항공 마일리지 노예로 살았던 터라 마일리지만 생각하면 얼마 더 주고 대한항공을 선뜻 예약했겠지만, 하와이안항공 스타링크 서비스의 덫에 갇히고 말았다. 이미 스타링크를 경험한 이들의 칭찬이 자자한 상황. 결국 3월 중순 비수기 80만 원대에 하와이안 항공권을 예약했다. 물론 내가 구매한 가격도 충분히 훌륭했지만, 며칠 뒤 60만 원까지 인하되는 걸 보고 두 눈을 의심했다. 개학하는 3월부터 4월까지는 하와이 유일의 비수기로 손꼽히는데, 그런 이유 때문인지 항공사가 경쟁하듯 60만 원대 하와이 항공권을 판매하는 것 아닌가. 이런 가격은 코로나 이전에나 봤을 법한 가격이다. 하와이 여행에서 가장 저렴한 건 항공권이라 말할 수 있을 정도. 물론 시즌 제한이 있기는 하지만, 다 떠나서 이런 가격 자체가 조회된다는 게 놀라울 일이었다. 그럼에도 항공사 관계자는 예약률이 작년보다 좋지 않다고 했다. 달러의 강세도 한몫했을 테고, 국내 경기도 좋지 않고, 하와이 경기는 뉴욕을 제치고 물가 1위로 올라선 지 몇 년째이기도 한 탓이었을 것이다.

하와이행 비행기를 타기로 한 날, 탑승 시간은 저녁 8시 35분에서 9시로 몇 분 지연이 되었다. 하와이안항공 43번 탑승구 게이트 앞 상황을 보니 누군가의 수하물에 문제가 생긴 것처럼 보였다. 탑승객의 탑승이 끝난 후로도 항공기 굳은 문은 닫힐 줄 몰랐는데, 수하물님들께서 아직 탑승이 끝나지 않았다고 했다. 그렇게 기내에 멍하니 앉아 한

시간을 기다렸다. 이제나저제나 출발하나 기다리는데, 이번엔 창밖으로 빗방울인지 눈송인지 모르겠는 것이 작은 항공기 창문을 세차게 두드린다. 봄의 따스함을 재촉하기엔 너무 많은 눈이다. 기내 창문은 어느새 눈이 쌓이기 시작했다. 별수 없다. 기다려야지. 답답한 기내에서 부동의 자세로 두 시간을 있으려니 출발도 하지 않았는데 피로가 쌓이는 거 같다.

하와이안항공의 탑승객은 한국 여행자들보다 외국인들이 좀 더 많

아 보였다. 하와이 현지인도 많이 보였다. 국내선을 이용할 때면 지연이나 연착, 혹은 기내 대기하는 경우가 종종 있는데, 그럴 때 탑승객들은 30분만 넘어가도 웅성거리기 시작한다. 하지만, 이 항공사에 탑승한 그 어떤 승객 누구 하나 얼굴 찌푸리지 않고, 누구 하나 클레임을 걸지 않았다. 물론 중간중간 기장이 방송으로 상황 브리핑을 했다. 밤 9시 25분 비행기가 제설 작업까지 마치고 이륙한 시간은 11시 40분이었다. 그 시간 동안 항공기는 평온함을 유지했다. 누군가의 성화가 있을 법도 한데, 다국적 탑승객들은 참으로 잘 기다렸다. 그렇게 이륙한 하와이안항공의 스타링크는 오래 잘 기다렸다는 걸 보상이라도 해주려는 듯 기내에서도 초고속 서비스를 제공해 8시간의 비행이 지루하지 않게 했다. 스타링크 유혹에 빠져서 선택한 항공기였으니, 제 역할은 톡톡하게 잘한 셈이다. 하와이 내 와이파이 속도보다 훨씬 더 빠른 것 같아 만족감이 높았다. 그나저나 하늘 위에서 초고속 와이파이를 무료로 사용하다니, 참 좋아진 세상이다.

In Hawaii, we don't surf the internet, we surf the waves.
하와이에서는 인터넷 서핑을 하지 않습니다. 우리는 파도를 서핑합니다.

입국 심사대 앞에만 서면 왜 작아지는가?

미국은 입국 심사가 까다롭기로 유명하다. 하와이도 미국의 50번째 주 아니던가. 허니문의 천국이다 보니 커플끼리 간다면 묻지도 따지지도 않고 패스. 가족 여행객 많은 휴양지이니 이 역시 쉽게 패스한다. 나는 혼자서 입국하는 경우가 잦다. 출장으로 가더라도 혼자 가는 경우가 대부분이다. 휴양을 목적으로 남편과 함께 입국하는 경우를 (그마저도 몇 번 되지 않지만) 제외하면 늘 혼자서 심사관과 어색한 듯 어색하지 않은 표정으로 마주한다. 최대한 밝고 자신 있게!

참 이상하게도 잘못한 것 없고, 내 돈 내고 하와이를 가는데 입국 심사관 앞에 서면 유독 작아진다. 심사 순서가 다가오면 대기를 하는 중에도 두리번거리며 '조금 유해 보이는 심사관이 걸려라' 하며 나 홀로 눈치 게임을 펼친다. 미국에 여자 홀로 입국하는 경우 입국 심사가 까다롭다는 것이 미국 여행의 룰처럼 자리 잡았다. 여행 준비하는 온라인 커뮤니티에서도 흔하게 발견할 수 있는 질문과 리뷰다.

미국 입국 심사는 목적이 세 가지 정도로 나뉜다. 신원 확인, 입증 서류 확인, 입국 목적 확인과 의도이다. 이 세 가지에 문제가 없다면 입국도 어렵지 않지만, 나 홀로 여성(혹은 남성) 입국의 경우 불법 체류,

성매매 같은 문제 때문에 입국 심사관이 더 까다롭고 디테일한 질문을 쏟아낸다. 심사관의 의심을 사기 시작하면 질문은 끝도 없이 되돌이표를 찍는다. 같은 질문을 뉘앙스만 바꾸면서 계속한다. 여기서 대답이 조금만 이상해도 심사관으로부터 의심의 눈초리를 피할 수가 없는데, 이럴 경우 '웰컴 투 세컨더리룸(입국 심사 중 추가 확인이 필요한 승객을 따로 조사하는 2차 심사 공간)'이다.

하필이면 가장 비싼 금액인 220만 원을 주고 항공권을 끊었을 때 일이다. 당시 우리 부부는 3개월간 하와이에 머물기로 했다. 애초에 함께 입국할 예정이었으나, 업무 일정이 늦어진 남편이 며칠 뒤 따로 입국했다. 석 달 동안 에어비앤비, 호텔, 지인 집, 이렇게 세 곳에 나눠 체류할 계획이었다.

나 홀로 입국한 남편은 생존 영어에 특화되었다. 심사관의 질문 중 "왜 와이프랑 같이 입국하지 않고 너 혼자 왔냐?"라는 질문에 말문이 막혔다고 했다. 차근차근 설명하기엔 머리가 복잡했을 거 같기도 하다. 이유가 어찌 되었든 세컨더리룸을 경험하고 나오면서 그런 곳도 들어가 보는 체험을 했다며 그 안의 풍경을 조잘조잘 풀어댔다. 굳이 또 하나의 절차를 통과해야 한다고 생각했던 남편에게 긴장감이라고는 일도 찾아볼 수 없었다. '내가 잘못한 게 없는데 왜?'라는 자신감 패치만 가득했다. 세컨더리룸 행이 결정되었을 때 그는 내게 전화했다. 내가 요청한 건 단 하나. "한국 통역관 불러 달라고 해!" 한국 통역관이 도착하기까지 직업적 특성을 살려(남편은 드라마를 만드는 일을 한다.) K-드라마 이야기를 몇 가지 단어로 설명하며 심사관과 하하호호 대화했다는 말에 출구 앞에서 야자수 나무처럼 서서 긴장하며 기다린 몸이 사르르 녹았다.

나 홀로 여성은 몰라도 나 홀로 남성이 세컨더리룸에 갔다는 건 흔치 않은 일이라 놀랐다. 220만 원 주고 온 하와이인데, 이대로 혹시 한국으로 돌아갈까 봐 노심초사했던 것도 사실이다.

아, 세컨더리룸을 들어가게 된 결정적 이유는 숙박 바우처를 하나도 가지고 있지 않아서였다. 나의 착각에서 비롯된 일인데, 나 홀로 남자는 쉽게 입국할 거란 편견이 산산이 깨어지던 순간, 문자로 바우처 사진을 보내주고 나서야 남편은 아무 일 없다는 듯 출구를 빠져나왔다. 살랑대는 하와이 바람이 그의 옷을 스쳐 입고 있던 트레이닝복이 바람으로 펄럭였다.

그다음부터 남편 혼자 입국할 일이 있으면 영어 편지를 쓴다. 입국 목적, 투숙하는 곳, 현지 연락처 등 기본 내용을 작성해 출력한다. 입국 심사 때 여권과 함께 슥 내민다. 그럴 때마다 입국 심사관은 엄지척을 남편에게 한다고 한다.

또 한 번은 같이 입국한 동생 윤주가 세컨더리룸에 갔다. 당시 미혼이었고, 이직 전 2개월간 하와이 여행과 LA 친척 집을 방문할 계획이었다. 하와이 내에서 체류할 숙소 바우처도 돌아갈 항공권 티켓도 있었지만, 미혼 여성이 두 달간 미국에 체류한다는 이유로 세컨더리룸으로 들어간 셈이다. 영어 소통도 능숙했지만, 현지 친척 집과 다니던 회사에 전화까지 다 하고 나서야 그 방에서 벗어날 수 있었다.

내겐 익숙한 하와이지만, 입국 심사관 앞에만 서면 긴장하는 건 여전하다. 혹시 나 홀로 미국 입국을 계획한다면, 항공권 E-티켓과 숙소 바우처는 꼭 소지하고 있도록 하자(직장인이라면 명함 한 장 준비하면 도움 된다). 입국 심사장에서 이 두 가지 서류가 없어서 곤란을 겪는 나 홀로 여성 입국자를 많이 봤다. 그리고 입국 심사관의 질문에는 간략하게 단답형으로 대답하자. 말꼬리 잡힐 것 같은 답은 안 하는 게 낫다. 아, 그리고 영어가 서툴면 영어 못한다고 말하자. 입국 심사관에게는 한국어 질문지가 있다. 게다가 요즘은 한국어를 조금씩 할 줄 아는 심사관도 많다. "소주, 대추, 손가락, 감사합니다."

🌺 ──────── 입국 심사 기본 질문은 여행 목적 및 기간, 투숙 장소, 현금 소지 여부 등입니다. 2024년 가을부터 MPC((Mobile Passport Control) 제도가 확대 시행되었습니다. 한국에서 ESTA(미국 전자여행허가제)로 미국 입국할 경우 이를 이용하면 입국 심사 시간을 줄일 수 있습니다.

다음 관문은 세관 검사입니다

여행에서 즐겁고 편한 일, 좋은 일만 있으면 좋지만, 그렇지 않은 경우도 종종 발생한다. 나라고 어떻게 하와이에서 항상 좋은 일만 겪을 수 있나. 피곤한 일도 만나기 싫은 일도 예측불허 속에 일어난다.

입국 심사는 늘 긴장되는 일이긴 하지만, 그날은 '이렇게 간단하게 끝난다고!' '직원이 교대할 시간인가?' 하고 생각할 만큼 빠르게 끝났다(트럼프 정권이 열린 때라 오히려 더 강화되었다는 이야기가 있었다). 수하물을 찾아 나오는데, 한 세관 직원이 방긋하며 웃는다. 아, 친절한 사람들이다. 오랜 비행으로 지친 여행자들에게 온화한 미소라니 말이다.

카트 위에 면세품 종이가방, 28인치, 21인치 캐리어, 그리고 백팩을 메고 나오는 날 위해 미소를 띤 그녀는 갑자기 말을 걸어온다. 대뜸 면세품 종이 가방을 가리키며 뭐냐고 물었다. "이건 화장품인데, 마스크 팩이야!" 팩을 가방에서 꺼내더니, 아래 있는 제품은 또 무엇이냐 물었다. 지인에게 선물해 줄 소형 핸드 마사지기기였다. 그때, 나는 눈치챘어야 했다. 열의 한 명으로 세관에 잡혔다는 걸 말이다.

면세품 쇼핑이 무슨 문제가 되는지는 모르겠지만, 그날따라 큰 종이가방이 시선을 끌었던 걸까. 일본계 미국인이었던 세관 직원은 내게 수하물을 모두 벨트 위에 올려달라고 했다. 28인치 캐리어는 개인 짐이었고, 작은 캐리어는 로컬 친구들에게 나눠줄 음식과 비상식량이었다. 백팩까지 모두 올려두니 세관 신고서를 한 장 내민다. 입국 심사관까지 잘 마치고 나온 내게 그녀는 마치 2차 심사를 하는 모양새였다. 심지어 입국 심사관도 요구하지 않았던 항공 E-티켓과 숙소 바우처까지 모두 보여 달라고 했다. 이미 여권은 그녀 손에 있었고, 내게 비즈니스 카드가 있는지도 물었다. 무슨 질문을 폭포수처럼 쏟아내는 건지, 당황해서 좋을 게 없으니 피곤하지만, 차근차근 답할 수밖에 없었다. 웃으면서 짜증 내고 있는 형상이었다.

그러더니 어디서 직원 두 명이 더 합세했다. 남자 직원이 캐리어 한쪽을 맡았고, 나머지 여자 직원은 반대쪽을 맡았다. 나와 이야기하던 직원은 작은 캐리어를 열어 하나하나 꼬치꼬치 다 물었다. 세관 검사를 처음 당해본 건 아니지만 불쾌함이 살짝 밀려왔다. 캐리어 짐 하나하나를 다 훑었다. 파우치 안에 있는 것까지 하나도 빠짐없이 모두 열었다. 무슨 용도인지 확인 불가한 것은 뭐냐고 물어댔다. 은행 OPT 카드가 들어 있는 파우치를 열더니 도대체 이건 뭐 하는 거냐며 불법 암호기처럼 느껴졌는지 심지어 "왜 이렇게 많아?"라고 하는데, 세 사람의 폭격기 같은 질문에 대답하다 한숨이 나왔다. 처음 내게 미소를 띤 세관 직원과 직업 이야기를 하다가 급기야 네이버에 등록해 둔 인물 등록이 생각나, 나를 검색해 직원에게 보여줬다. 피곤함에 짜증까지 더해져 예민함은 폭발해 버렸지만 여기서 터트릴 수도 없고, '나 여기 살라고 해도 별로 안 살고 싶은 사람이야' 하는 마음으로 끝까지 질문

에 순순히 답할 수밖에 없었는데, 마침 선물해야 할 곳이 있어 챙겨온
『오! 마이 하와이』 가이드북이 캐리어에 있었다. "그게 내 책이거든!"
이라고 했더니 그 많은 페이지(500페이지가 넘는다)를 넘겨보더니 "디테
일하네. 일본어로 된 건 없어?"라고 한다. "너네 나라 하와이 책 많잖
아!" 하고 나지막하게 외쳤다.

　그날, 세관에서 20분 동안 몸도 마음도 탈탈 털렸다. 와이키키까지
그룹 셔틀을 예약해 뒀는데, '박성혜 님 나오시면 출발하겠습니다'라
는 카카오톡이 왔다.

　와이키키로 가는 셔틀에 앉아서도 나간 정신이 돌아올 생각을 하지
않는다. 비가 시원하게 쏟아졌다. "비야, 이 피곤한 기운을 씻어내 줘,
씻어내 줘" 하고 주문을 외우는 사이 호텔에 도착했다. 객실 준비가 된
상태라 바로 방으로 올라와 침대에 털썩 누웠다. 피곤했는지 잠이 잠
깐 들었다, 눈을 뜨니 시원하게 또 한바탕 비가 쏟아진다. 참 신기한
하와이 하늘이다. 비구름을 뭉게구름이 밀어낸다. 한쪽은 비가 오는
데, 또 한쪽은 화창하다.

　빼지 않아도 될 기운을 빼서 그런지 눈치 없는 위장에서 '꼬르륵' 소
리가 난다. 도착하자마자 비상식량에 손을 대고 싶지 않아 기운 차려
나가본다. 호놀룰루커피 컴퍼니(Honolulu Coffee Company)에 가서 하
와이안 라떼 한 잔을 사서 모아나 서프라이더 호텔(Moana Surfrider
Hotel) 로비 흔들의자에 앉아 비 오는 날의 풍경을 하염없이 바라본다.
'이런 날 뜨거운 커피가 제격이지!' 하며 당을 보충하고, 첫날(마침 월요
일 도착해서 와이키키 파머스 마켓이 열리는 날이었다) 먹겠다고 생각한 망고

밥과 파파야 샐러드, 그리고 포케를 샀다. 숙소 베란다에 앉아 테이블에 음식을 펼쳐 놓고 갠 하늘을 보고 있으니 이 변화무쌍한 하늘은 무엇인가 싶다가, 그래 이게 하와이지! 이 하늘 위 자유롭게 펼쳐진 구름이 내게 안정감을 주는 것 같다. 평온함을 찾게 해주는 하와이 하늘이다. 마침, 두 마리 새처럼 보이는 구름이 달래주는 것 같다. 세관에서 힘들어 하와이가 살짝 미워질 뻔했는데, 다행이다.

Na maka o ka makani.

Eyes of the wind.

바람의 눈(자연과 인간의 조화를 의미하는 하와이 표현)

🌺 ─────── 미국 여행 시 육류 및 육류 가공식품 반입은 불가합니다. 종종 컵라면, 라면 챙기는 여행객이 있는데, 라면 스프 성분에 육류가 포함되었다면 세관 검사 시 압수될 수 있는 물품이니 참고하세요.

렌터카 대신, 때로는 버스도 좋아

'이번에는 뚜벅이를 좀 해볼까?' '필요할 때만 공유 차량을 이용해도 괜찮을 거 같은데'라는 생각을 한다. 버스를 이용해서 다녀볼까도 생각하지만, 고민 앞에 정해진 답은 늘 렌터카이다. 렌터카만큼 기동력이 좋은 건 없으니까. 그래도 가끔 취재를 핑계 삼아 버스를 타기도 한다. 버스를 타면서 만나는 하와이 풍경은 새롭다. 왠지 버스를 타면 운전하며 놓쳤던 풍경을 새롭게 만나는 것 같아 기분이 사뭇 달라진다. 창가로 스치는 풍경이 익숙하면서도 낯설다. 넋 놓고 멍하니 앉아 운전기사가 핸들을 돌리는 방향으로 이끌려 간다. 호놀룰루 공항과 와이키키를 연결하는 버스를 가장 많이 이용하는데, 공항에서 출발한 20번 버스는 부둣가, 다운타운, 차이나타운을 통과해 와이키키 한가운데 선다. 가장 편한 노선이기도 하고, 어디에서 하차하더라도 대부분 여행지 루트라 만만하다. 오아후 더 버스(Oahu The Bus)가 아쉬운 점이 딱 하나 있는데, 큰 수하물을 가지고 탑승하지 못한다는 거다. 공항에서 커다란 가방을 들고 탑승하자면 안 된다고 손사래 치는 기사가 있는가 하면 마지못해 눈감아 주는 기사도 있는데, 공식적으로 버스 정류장에 큰 수하물은 불가하다는 그림이 큼지막하게 안내되었다. 기사

의 마음에 따라 어떤 날은 가능하고 어떤 날은 불가능한 것 같지만, 실랑이하는 게 싫어서 늘 가벼운 몸으로 탄다.

정해진 시간에 맞춰 버스 정류장에서 기다리면 제대로 오는 게 맞나 걱정이 된다. 익숙하지 않음에서 오는 초조함이다. 약속이라도 있는 날에는 더 노심초사이다. 이럴 거면 우버 탈 걸 그랬나 하고 후회해 보지만, 그런 걱정을 하고 있노라면 금세 버스 문이 열린다. 누군가 하차하고, 또 누군가 탑승하는 순간 그들의 모습을 빤히 바라보며 그들의 삶을 내 멋대로 추측해 본다. 옷차림만 보아도 여행자와 현지인이 분명하게 구별되는 순간이다. 오아후 버스는 에어컨을 얼마나 빵빵하게 틀어대는지 가끔은 몸이 으슬으슬할 정도이다. 재미있는 건 거스름돈이란 게 없다. 현금으로 탈 경우라면 처음부터 딱 맞는 금액을 통에 넣어야 한다. 예전만 하더라도 버스비를 넣으면 종이로 된 환승 티켓을 건네곤 했는데, 교통카드인 홀로(Holo) 카드 도입 후 자동으로 환승 티켓 역할까지 한다.

관광업에 의존하는 도시, 서비스업이 주 전체 GDP의 약 90%를 차지하는 하와이지만, 현지인의 삶은 참 앤틱스럽다. 와이키키만 벗어나도 버스 정류장은 우리가 생각하는 모습과 어긋난다. '여기가 버스 정류장이 맞아?' 하는 순간이 여러 번이었는데, 덩그러니 'Aloha The bus'라고 적힌 돌의자 하나가 놓여 있다든지 도로 전신주에 버스 정류장임을 알리는 스티커가 붙어 있다든지 하는 등이다. 햇볕 쨍쨍한 시간이라면 어렵지 않게 눈에 띌 정류장은 해가 저물면 어디에 있는지 찾아 헤맬 수밖에 없다.

하차 벨도 그렇다. 창문을 따라 긴 줄이 늘어져 있는데, 이 줄을 당기면 하차하겠다는 의사가 된다. 물론 줄을 당기면 소리가 나면서 버스 가운데 전광판에 'stop requested'라는 안내 메시지가 뜬다. 자리에서 조심히 일어나 하차할 준비를 한다. 한국처럼 정거장에 도착해 자동으로 문이 열리면 좋으련만, 수동문이다. 한 번은 열리나 안 열리나 가만히 기다려보니 문 앞에 있던 아저씨가 여행객임을 정확히 캐치하고 손으로 밀라며 친절히 제스처를 해준다. 버스가 정차한 후, 손으로 문을 밀면 열리는 시스템이다. 하와이의 버스 문화가 충격적이었던 건 지금부터다.

나는 오랫동안 장애인 관련 기관 홍보 업무를 했다. '서당 개 삼 년이면 풍월을 읊는다'라고 하지 않나. 10년 넘게 장애인 관련 일을 하다 보니 자연스레 관련된 부분에 시선이 머무른다. 한국에서는 휠체어를 이용하는 장애인이 대중교통을 이용하려면 걸림돌이 많다. 하지만 그

ALOHA THE BUS

날 내가 본 모습은 하와이 바람만큼이나 따스함 그 자체였다. 와이키키 비치 끝 무렵 Kuhio Ave+Kaiulani Ave 정류장이었다(정류장은 도로명을 기반으로 한다). 머리가 희끗희끗한 중년 남성이 휠체어에 앉아 버스를 기다리고 있었다. 머지않아 버스가 정류장에 도착하는데, 버스 기사는 이 중년의 휠체어 손님을 미리 본 모양인지 그 앞에 아주 정확하게 버스를 정차했다. 이후에는 꽤 신속하게 움직여 휠체어 탑승을 위한 발판을 내렸고, 탑승 후에도 장애인 좌석에 벨트를 단단히 고정한 채 몇 번이고 확인했다. 버스 탑승을 위해 뒤에서 기다리던 사람 중 어느 한 사람도 얼굴을 찌푸린 이는 없었다. 버스 안에 타고 있던 탑승객도 휠체어 탑승자에게 스몰토크를 건넸다. 이 풍경은 아주 자연스러운 일상처럼 보였다. 내가 버스를 이용하며 본 가장 인간적이고도 훈훈한 모습이었다. 한국에서는 쉽게 찾아볼 수 없는 낯선 풍경이지만, 그대로 한국에 옮겨두고 싶은 그런 풍경이랄까.

더 버스를 이용하기 위해, 구글 맵이나 DaBus2 앱을 다운받으면 편리합니다. 여행 기간이 짧다면 버스 여행은 추천하지 않습니다. 배차 시간 및 주행 시간에 따라 길에서 버리는 시간이 많아집니다. 여행지에서 시간은 곧 돈!

레이를 엮으며 배우는, 따뜻한 하와이식 인사

"자, 여기 객실 키와 리조트 프로그램 스케줄이야! 좋은 시간 보내."

아웃리거 리프 와이키키 비치 리조트(OUTRIGGER Reef Waikiki Beach Resort)에 체크인하며 프런트 직원에게 건네받은 프로그램 스케줄에는 종일 다양한 프로그램으로 가득했다. 그동안 다녀본 호텔 중 이렇게 다양한 프로그램을 제공하는 곳은 없었던 것 같다. 오전부터 저녁까지 촘촘하게 짜인 프로그램을 보고 문화센터인 줄 착각이 들 정도! 하와이 혹은 폴리네시안의 문화를 느껴보기에 충분했다. 외부 일정 없이

프로그램만 참석해도 풍성한 여행이 되겠다 싶은 마음이었다. 다행히 프로그램 중 예약이 필요한 클래스가 많지 않았다. 조금은 편안한 마음으로, 부스스함을 감추기 위해 모자를 질끈 눌러쓰고 레이(Lei) 클래스 참석을 위해 1층 아오 컬처 센터(Ao Culture Center)로 내려갔다. 호텔 수영장은 이른 더위를 피해 물장구치는 아이들로 가득 찼고, 누군가는 일상으로 돌아가는 듯 체크아웃을 마치고 무거운 발걸음을 옮긴다. 향긋한 모닝커피와 베이글 하나 손에 들고 엘리베이터 버튼을 누르는 여행객을 보며 전형적인 미국의 아침이구나 싶다.

아오 컬처 센터에 들어서니 영화 「모아나」에 등장하는 마우이를 닮은 강사가 "굿모닝" 하며 반겼고, 몇 개의 테이블에 먼저 온 투숙객이 자리를 잡고 있다. 대부분 가족으로 보이는 이들 사이에서 적당한 간격을 두고 앉았다. 원형 테이블 위에는 자줏빛의 플루메리아꽃이 산더미처럼 놓였다. '레이(Lei)'는 하와이어로 '목에 건다'라는 뜻을 가진 꽃목걸이이다. 플루메리아는 하와이에서 손님을 환영할 때 가장 많이 활용되는 꽃으로 긍정적인 태도를 상징한다. 가장 흔하게 꽃잎으로 만들지만, 나뭇잎·조개·씨앗·깃털 등 각기 다른 소재로 만들기도 한다. 제각각의 매력은 있지만, 아무래도 생화로 만든 꽃 레이가 가장 인기다. 목걸이로 또는 화관 형식으로 쓰기도 한다.

바늘에 실을 길게 넣어 매듭을 짓고 플루메리아 꽃잎 하나하나 균형을 맞춰 끼웠다. 바늘에 꽃 구멍을 잘 맞춰 하나씩 쏙쏙 끼워 넣으면 되는 단순한 방법에도 혹시나 꽃잎이 상하는 건 아닐까 조심스러웠지만, 어렵지는 않았다. 바늘 사이로 꽃잎을 끼우는 건 아주 기본적인 레이가 아니었을까 생각한다. 아침부터 꽃과 함께하니 덩달아 기분까지 살랑살랑 좋아졌다. 강사는 한 사람씩 챙기며 잘하고 있는지 봐줬는데 "이 목걸이를 걸어줄 사람을 생각하며 만들면 좋다"라고 했다. 마음을 눌러 담아 빈틈없이 촘촘하게 꽃잎을 엮었다. 덩달아 감미로운 향기도 마음에 가득 채워지는 거 같다. 꽃잎 하나를 엮을 때마다 받는 이를 생각하라는 그 말을 되새기며 정성을 더한다.

레이를 만들 때 많이 사용하는 꽃에는 몇 가지가 종류가 있다. 하얀색의 피카케(Pikake)는 하와이안들이 사랑하는 카이울라니(Ka′iulani) 공주가 좋아했던 꽃이다. 여리여리한 느낌으로 결혼식 날 부케로 가장 많이 선택한다. 노란색의 일리마(Ilima)는 사람들에게 행운을 빌어줄 때 선택하는 꽃이다. 하와이 왕족들이 수천 송이 일리마 꽃을 엮어 레이를 만든 건 유명한 이야기다. 마일레(Maile)는 인생의 크고 특별한 순간 만날 수 있는 꽃이다. 존경과 성장을 상징하기도 해, 결혼 혹은 졸업 때 사용된다.

하와이는 축하의 마음을 담는 모든 순간, 이 레이를 사용한다. 단순히 꽃다발을 건네는 게 아니라 꽃으로 목걸이를 만들고 상대의 목에 걸어주면서 마음을 나눈다. 사람 간의 다정함이 돋보이는 꽃목걸이 레이는 따스함 그 자체다. 유럽 사람들에게 볼 키스 문화가 있다면, 하와이에는 레이가 있는 셈이다. 호텔마다 하와이 전통문화를 배울 수 있는 프로그램이 있으니 '레이' 하나는 꼭 엮어보자. 직접 레이를 만드는 사람이 되어보면 그들이 중요하게 생각하는 '마나(Mana, 생명력과 에너지)'를 조금 알게 될 수 있지 않을까? 해마다 5월 1일에는 '레이 데이

(Lei day)’ 축제도 열린다.

앗. 정성 가득 담아 만든 레이는 쓰레기통에 버리지 않는 것이 관례다. 어떻게 누군가의 마음을 헌신짝 버리듯 버릴 수 있겠는가. 대신 와이키키 안에 있는 동상이나 나무에 살짝 걸어두자. 모든 게 다시 자연으로 돌아갈 수 있도록 말이다.

E lei kau, e lei ho`oilo i ke aloha
사랑은 여름부터 겨울까지 꽃목걸이처럼 걸려 있습니다.

대부분 호텔 리조트 피에 제공되는 서비스 중 '하와이 컬처 프로그램'은 하나씩 있습니다. 투숙하는 호텔 리조트 프로그램을 확인해서 '레이 메이킹' '훌라 및 우쿨렐레 레슨' 중 한 가지는 꼭 체험해 보기를 추천합니다. 컬처 프로그램은 대부분 오전 8~10시 사이 진행됩니다.

하와이는 무지개를 닮았다

　하와이는 'Rainbow State'라고도 불린다. 무지개를 얼마나 자주 볼 수 있으면 '무지개 주'라는 별명을 가졌을까. 하와이는 자동차 번호판에도 무지개가 그려져 있다. 무지개가 도로에 흩어져 있다고 생각해 보자. 어디 자동차만 그런가. 현지인 신분증에도 무지개가 그려졌다. 간판에서도 흔한 것이 무지개이고 기념품에도 어김없이 무지개가 등장한다. 가끔 하루에도 몇 번씩 무지개를 볼 수 있다. 물론 이렇게 흔한데, 한 번도 못 보는 사람이 있다.

　한국에서는 쉽지 않은 일이라서 그런가. 하와이에서 하늘 위를 수놓는 미끄럼틀 같은 무지개를 보면 늘 신기하다. 봐도 봐도 놀라워서 계속 시선을 빼앗긴다. 무지개가 일상인 현지인에게는 무지개만 나타나면 가던 길 멈추고 사진 찍는 내가 우스워 보일 수도 있지만, 아직도 여전히 마법처럼 점점 색이 진해지는 무지개가 신비스럽고, 또 점점 색이 흐려져 사라져가는 무지개가 아쉽다. 언제 어떤 모습의 무지개더라도 시선 강탈이다. 비와 햇빛이 만드는 선물인 걸 알면서도 비가 스치기라도 하면, 저 멀리 먹구름이 뒤덮고 있으면 '무지개가 뜰 텐데' 하고 하늘 향해 두리번거린다.

　오아후 북쪽, 노스쇼어에서 취재를 하고 돌아오는 차 안에서 현지에 사는 동생 동준이(『오! 마이 하와이』 작가)와 두런두런 이야기를 나눴다. H1 고속도로를 달려 와이키키 이정표가 보일 즈음 건물 사이로 무지개가 빼꼼 보였다. 자동차 보조석에 앉아 무지개 사진을 찍기에 위치와 각도가 애매했으나, 어떻게라도 찍어보겠다는 나를 보며 동생이 한마디 거든다.

　"누나, 이제 무지개는 그만 신기할 때도 되지 않았어?"

　"너는 배부른 로컬이구나. 난 봐도 봐도 신기한데 말이야."

　이후에도 동생과 일정을 함께 보낼 때 무지개는 여러 번 나타났고, 또 졌다. 동생은 여전히 눈길 한 번 주지 않았지만, 난 또 처음 만난 것처럼 카메라부터 들이댔다. 내가 물었다.

　"로컬인 넌 언제 무지개 사진 찍는 건데?"

　"나? 쌍무지개가 찐하게 뜰 정도!"

어쩌면 이 단순한 무지개가 우리가 생각하는 의미를 넘어 인생의 메시지를 전한다는 생각이 들었다. 하와이는 다양한 인종들이 사는 곳이다. 백인, 흑인, 동양인 등 어떤 인종이든 하와이 전체 인구의 1/4을 넘지 않는다. 다민족, 다국적으로 이뤄진 사람들. 무지개처럼 서로 다른 색이 하나로 어우러져 아름다움을 만들어 내듯, 서로 다른 존재들이 조화를 이루며 아름답게 살아간다 해서 무지개 주라는 이름이 붙은 게 아닐까.

No rain, no rainbows.
비가 내리지 않으면 무지개도 없습니다.

🌺 ─────── 원주민들의 속설에 따르면 하와이 여행 중 무지개를 보면, 다시 하와이 여행을 하게 된다는 이야기가 있습니다. 꼭 한번은 무지개를 만나기 바랍니다.

천국에도 벌레는 산다

하와이가 천국이라고 하지만, 이런 천국에도 누구나 싫어할 만한 것 하나쯤은 있다. 바로 벌레다. 시골 태생에 서울로 상경하기 전 오랫동안 주택에서 살았던 내게 벌레는 그저 벌레 그 이상도 이하도 아니다. 벌레가 나타났다고 호들갑을 떨지 않는다. 결혼 후에도 우리 집 벌레는 내가 다 잡을 만큼 어려운 일이 아니다.

하와이는 호놀룰루인 도심을 벗어나면 오래된 목조 주택이 많다. 호텔이 밀집된 와이키키에도 오래된 빌딩이 많다. 한국처럼 쉽게 건물을 부수고, 재건축하는 건 드문 일이라 내부는 신식이라 할지라도 외관은 오래된 곳이 대부분이다.

남편과 오아후 북쪽 노스쇼어에 위치한 지인 집에 3주간 머물 때 일이다. 그 집은 3~4대가 이어 살 만큼 오래된 주택이다. 걸을 때마다 들리는 삐그덕 소리가 정겨우면서도 마냥 반갑진 않았다. 주방, 거실, 방에 있는 창문도 언제 적 스타일인지 모른다. 수동식 창문이 오늘날 통창, 이중창 같은 새시의 존재를 알까 싶다. 창문은 해가 들어오지 않도록 불투명하다. 손잡이를 돌리면 창문의 각도가 조금씩 열리는데, 이렇게 열어서 바람을 들일 수 있도록 가로 블라인드처럼 되었다. 완전 밀

폐는 불가능한 구조인 셈인데, 하와이 전통 창문이라고 한다. 햇빛이 드리울 때 비치는 그림자는 참 인상적이지만, 이 창문 틈 사이로 벌레 몇 마리쯤은 충분히, 아주 거뜬하게 들어올 수 있다는 단점이 있다.

7월 말, 남편과 소파베드에 누워 잠을 청했다. 나는 어디든 머리만 대면 잘 자지만, 남편이 깨울 때는 언제 그랬냐는 듯 즉각적으로 일어난다. 그날도 선풍기 바람 하나 없이 잠을 잤던 터라 새벽녘 더위에 깬 남편이 선풍기 좀 찾아달라며 조심히 날 깨웠다. 동네 개도 도마뱀 게코도 깊은 잠이 든 새벽 2~3시쯤 되었을까. 선풍기를 찾기 위해 전등

스위치를 딱 켰다. 점등되는 그 속도보다 더 빠르게 움직인 것이 있었으니 바로 바퀴벌레다! 한밤에 바퀴벌레 생포 작전에 나섰다. 그 녀석은 풀다 만 캐리어 사이로 쏙쏙 피했지만, 독 안에 든 쥐와 같았다. 얼마 지나지 않아 그 녀석은 내 손에서 처참한 죽음을 맞이했다. 그 모습을 반쯤 뜬 눈으로 확인한 남편의 얼굴에는 환호보다 불안함이 엄습하기 시작했다. 언제 또 바퀴벌레가 이 방에 침입할지도 모른다는 눈빛으로 나를 바라봤다. 일단 바퀴벌레도 잡았고 선풍기도 찾아서 더위를 해결했으니 그만 자면 될 일이지만, 남편은 쉽게 눈을 감지 못했다.

하지만 그 새벽에 내가 해줄 수 있는 일이라고는 아무것도 없었다. 일단 자고 아침에 생각하는 게 더 현명한 일임이 분명했다. 아침에 일어난 남편의 눈은 퀭했다. '나 좀 살려줘' 하는 눈빛으로 나를 바라봤다. 바퀴벌레 때문에 지인 집에서 하룻밤 자고 나올 수도 없는 일이고, 이런 남편을 그대로 둘 수도 없는 일이라 일단 테이프로 겹겹이 방 창문 틈새를 막았다(물론 방 창문만 막는다고 해결되는 일은 아니지만). 그리고 마트에서 바퀴벌레약을 사 3평 남짓 되는 방 각 모서리에 고이 놓아, 아니 모셔뒀다. 진드기 형식으로 된 약이었는데, 남편은 매일 아침 죽은 게 있는지 확인도 해달라고 했다. 굳이 그래야 할 것까지 있겠냐마는 남편을 안심시켜야 했기에 우리의 불안정한 동거는 시작됐다. 아침을 준비하던 지인에게 이야기하니 대수롭지도 않은 일이라며 웃어넘겼지만, 남편에게 큰일이었다.

기어만 다녀도 가당치 않은 녀석인데, 하와이에는 날아다니는 바퀴벌레도 있다. 사실 바퀴벌레가 날 수 있다는 걸 하와이를 다니며 알게 되었다. 심지어 미국 바퀴벌레 중 가장 큰 종류도 하와이에서는 흔하게 본다고 한다. 보잉사 비행기도 아닌데, 어떻게 그리 높이 나는 건지. 아주 가끔 고층 호텔에서 바퀴벌레를 봤다고 하는 이들이 있는데, 다 이런 아이들인 셈이다(하와이 사람들은 이를 B-52라고 부른다. B-52는 미국 전략핵폭격기다).

비슷한 동네에서 에어비앤비를 하는 친구가 자정이 다 되어 메시지를 보냈다. 한국인 손님이 체크인했는데 바퀴벌레로 한바탕 난리였다는 거다. 친구의 집도 단독 주택인데 집 내부는 누구보다 깨끗하게 관리하지만, 외부에서 날아 들어오는 걸 에어비앤비 사장이라고 어찌할 수 없는 노릇. 사실 한국에서 바퀴벌레를 보는 건 쉽지 않다. 하지만, 하와이에서는 그렇지 않다는 점. 하와이 사람들도 바퀴벌레를 피할 수 없다는 걸 잘 안다고 한다. 공생의 관계랄까. 정기적으로 방역 업체를 불러 소독하고, 심지어는 때때로 방역 업체를 바꾸기도 한다. 바퀴벌레도 약에 내성이 생긴다나! 청정 하와이인 건 맞지만 다 함께 어울려 사는 곳인 것도 맞다. 바퀴벌레에게 너 여기 왜 있냐고 죄를 묻기에는, 하와이는 대자연이 8할인 곳인걸. 누구나 만날 수도 있지만, 누구나 피할 수도 있다. 다만 그 누구라도 그들을 만나지 않기를 희망할 뿐.

Nature is where it all begins for the Hawaiians. In fact, they call themselves
keiki o ka 'aina, the 'children of the land'.- MJ. Harden

자연은 하와이 사람들에게 모든 것의 시작입니다. 그들은 스스로를
'케이키 오 카 아이나', 즉 땅의 자녀라 부릅니다

(하와이 문화의 핵심 가치인 자연과의 연결과 존중을 의미합니다). - 엠제이 하든(작가)

하와이에서 꼭 알아야 할, 팁 문화

오래전 회사 다닐 때 일이다. 클라이언트와 고급 한우집에서 식사했다. 직원이 정성껏 고기를 구워주는 곳이었는데, 클라이언트가 직원에게 2만 원을 건네며 고맙다고 이야기했다. 그 당시 내 나이가 30대 초반이었던가. 그때는 쉽사리 이해할 수 없었지만, 팁 덕분인지 추가 반찬과 후식이 넉넉하게 나왔던 기억이다.

여행을 다니다 보면, 그 나라 문화에 적응해야 할 때가 있다. 미국인 하와이에서 중요한 문화 중 하나가 '팁'이고 국내 많은 여행자가 힘들어하는 것 중 하나가 또 팁이다. 우리에겐 생소한 팁 문화가 이곳에서는 일상이자 의무다. 미국의 팁 문화는 단순히 감사하다는 뜻 그 이상이기 때문이다. 서비스업 종사자에게는 팁이 주요 수입원이 되기에 적절한 팁을 주는 것이 관례다.

물론 나도 처음부터 적응이 쉬웠던 건 아니다. 호텔 벨보이에게 수하물 가방 개수당 정확히 계산해서 팁을 건넸고, 매일 아침 객실을 나설 때마다 1~2달러씩 꼭 책상 위에 두고 나왔다. 식당이나 레스토랑은 주문한 가격 대비 팁이 정해져 있으니, 최소를 선택해서 냈지만, 가끔 정성 가득한 서비스를 받을 때면 20%를 주곤 했다(2025년 기준 카페에서도 팁이 18%부터 책정되고 있다). 이렇게 하와이에는 팁 문화가 있다 보니 불편한 상황이 생기기도 한다. 레스토랑에 갔는데 담당 서버가 너무 친절한 모습으로 미소를 남발하며 서비스를 제공한다. 그저 기분 좋게 받으면 될 일을 '자본주의의 힘인가?' '팁 때문에 이러나?' 같은 생각을 떨칠 수가 없다.

한 번은 호텔 체크인을 하며 있던 일이다. 연속해서 투숙하는 일정인데 두 번으로 나눠서 예약되었다. 중간에 체크아웃 없이 객실을 연속해서 사용할 수 있도록 조치해달라고 부탁했다. 아주 쉬워 보일 수 있는 일이지만, 전산상으로 어떤 조치를 해야 하는 상황인 것 같았다. 리셉션 직원은 밝게 웃으며 조금만 기다려 달라며 양해를 구하고 그 일을 처리해 주었다. 객실 키를 받으며 고맙다고 5달러를 건넸다. 그리고 나는 체크아웃할 때까지 열흘간 그녀가 근무하고 있는 시간이면 늘 생수 2병을 건네받았다(요즘 하와이 호텔은 말라마Mālama 하와이 캠페인에 따라 객실 내 생수 비치를 하지 않는 곳이 많다).

그 이후로 팁이 필수가 아닌 곳에서도 좋은 서비스를 받으면 팁을 건네게 되었다. 액티비티를 하더라도 크루에게 팁을 준다. 돈이 가진 힘은 크다. 억지로 팁을 주는 것이 아니라, 만족스러운 서비스를 받고, 그에 맞는 팁을 건넨다면 주는 이도, 받는 이도 기쁘다. 물론 가끔 팁이 필수가 아닌 곳에서는 팁 박스에 적힌 슬로건을 잘 보자.

Mahalo nui loa
정말 감사합니다.

잠시 멈춰서, Smile

집이 없는 사람들, 하와이에도 홈리스가 있다. 천국이라는 하와이에서도 벗어날 수 없는 문제이다. 해마다 조금씩 증가하는 추세라는데 이들 대다수가 하와이 원주민 또는 태평양 섬 주민이고, 나머지 약 10%는 퇴역 군인이라고 한다. 미국에서 군인이라면 최고의 직업과 대우를 받는다고 알려졌는데 홈리스라니!

홈리스는 몇 해 전까지만 하더라도 와이키키를 비롯해 주요 여행지에 모여 있었는데, 주에서 단속하면서 예전처럼 와이키키에서는 쉽게 찾을 수 없다. 물론 와이키키를 조금만 벗어나도 그들을 만나는 건 시간문제다. 텐트와 천막을 이용해 잠자리를 마련하고 가끔 고성방가를 일삼기도 한다. 혼잣말을 하는 사람도 많고, 마약에서 자유로울 수도 없다. 2023년 기준으로 하와이 홈리스 비율은 미국 내 1등이라고 하는 발표 결과도 있었다. 예전에는 무리 지어 시간을 보내거나, 쓰레기통을 뒤져 여행자들이 먹다 남은 음식을 찾는 홈리스가 자주 보였는데 (지금도 있기는 하다), 최근에는 그 대신 팻말을 들고 길거리로 나선 이들을 종종 볼 수 있다.

오아후에 장기 체류할 때, 신세를 지는 지인 집이 하와이대학 마노아 캠퍼스 근처에 있다. 그곳에서 알라모아나 센터까지는 렌터카, 버스로 10분 남짓 거리이다. 어떤 교통편을 이용하든 주행 중 마지막으로 좌회전하는 구간이 있다. 아침 시간이면 출근하는 사람들과 자동차로 붐비는 구간이다. 항상 같은 자리에 똑같은 옷차림을 한 홈리스가 서 있었다. 그는 라면 상자의 한 면을 찢은 것 같은 종이에 'Smile'이라고 쓴 후 사람들을 향해 들었다. 운전하면서도, 버스를 타면서도 도보로 이동할 때도 같은 모습으로 서 있는 걸 보았다. 늘 똑같은 표정이었다. 'Smile'이라고 적힌 종이를 들고 있는 본인은 정작 웃지 않았지만 (약간은 멋쩍어하는 분위기였다), 많은 사람이 그를 무심코 지나쳤다. 그렇다고 그가 동전을 넣을 수 있는 모자나 작은 상자 같은 것을 내밀지도 않았다. 일주일 정도가 지났을까. 앞 차 운전자가 신호를 기다리는 사

이 창문을 열고 스마일맨에게 인사를 건넸다. 운전자석 창문 사이로 두 사람은 손을 맞잡고 있었는데, 운전자가 조용히 스마일맨에게 밥값 얼마쯤 매너 있게 건네는 걸 알 수 있었다. 그리고 그날 나는 스마일맨의 새하얀 치아를 보게 됐다.

그 이후로도 스마일맨은 매일 아침 그 자리를 지켰다. 선뜻 용기가 나지 않았던 나는 그에게 웃어주는 것밖에 해줄 수 없었다. 그가 어떤 연유로 그 자리에 서게 되었는지 알 수는 없다. 혹시 다음 기회가 있다면, 그를 만나는 게 좋은 걸까. 그가 그곳에 없는 게 좋은 걸까. 그 길을 다니며 그 덕분에 한 번쯤 더 웃어볼 수 있었던 건 부인할 수 없는데 말이다.

하와이 도로에는 'STOP' 사인이 많다. 언제 어디서라도 보행자를 보호할 수 있도록 잠시 멈춘 후 이동하라는 교통신호이다. 스마일맨을 본 후 그 사인이 그저 잠시 멈추라는 뜻이 아니라, 주변의 사람을 살펴 보라는 뜻처럼 느껴졌다.

Aloha Aku, Aloha Mai
모든 사람과 모든 것을 사랑하라.

How are you?

와이키키 중심부에 타겟(Target) 매장이 오픈했다. 삭스 피프티 애비뉴(Saks Fifth Avenue) 백화점 자리가 있던 곳인데 장사가 잘되지 않은 모양인지, 월세 감당이 버거운 모양인지 대형 슈퍼마켓으로 변신했다. 웬만한 브랜드 매장이 즐비한 와이키키에서 고급 백화점이 체면을 구긴 채 마트에 자리를 내어준 기분이지만, 사실 여행객으로 넘쳐나는 동네에 백화점보다 마트가 훨씬 낫지 않은가!

빨간색 쇼핑카트 앞 벽면에 'Mahalo'라고 적힌 문구가 '이곳은 하와이야'라고 말해준다. 가격도 하와이 내 다른 지점과 동일하고 상품 라인업까지 훌륭해 여행자들에게 더할 나위 없이 좋은 장소이다. 신선식품 코너까지 잘 꾸려져 있기에 주방이 있는 숙소를 예약한 여행자라면 더더욱 편리하다.

와이키키에서 선셋을 보고 숙소로 들어오는 길, 요깃거리를 사기 위해 타겟에 들렀다. 항상 느끼는 점이지만 마트는 에어컨을 얼마나 세게 틀어두는지, 냉동 인간이 될 것 같다. 대형마트답게 셀프 계산대도 있지만 바로 옆에 소량 계산대가 있어 줄을 서 기다렸다. 하와이 오면 즐겨 먹는 요거트 '초바니(Chobani)' 몇 개와 주스를 사고 계산하는데,

중년의 남자 직원이 "How are you?"라고 묻는다. 스몰토크가 문화인 미국이니 매장 직원과 손님이 나눌 수 있는 자연스러운 대화 주제일 뿐이었다. 도착한 지 며칠 되지 않아 시차 부적응 기간이었는데 잠을 설쳐서 그런지 조금 피곤하다는 마음의 소리가 입 밖으로 튀어나왔다. 의례적으로 '굿'이라고 하면 되었을 것을. 그는 "화요일인데 벌써 피곤하면 어떡해?"라고 했다. 그렇지. 이제 막 한 주가 시작되었는데 피곤하다니! 나는 이렇게 답했다.

"월요일은 비가 내리다 멈추기를 반복했고, 오늘은 종일 구름이 가득했어. 내일은 화창하다고 하니, 컨디션도 훨씬 나아지지 않을까?"

단순한 안부 인사가 하루를 달래주는 듯했다. '굿모닝'처럼 하루를 시작하며 나누는 인사도 좋지만, 저녁 시간에 듣게 된 하루의 안부가 그날의 피로를 풀어주는 것 같다. 낯선 사람과 대화할 일이 점점 줄어 드는 요즘, 미국은 스몰토크가 있어 조금 낫지 않은가 하는 생각도 든 다. '하우 아 유?'라는 인사가 잠시 머물다 떠나는 이들로 넘쳐나는 이 곳에 온기를 더한다.

He aloha ke kanaka i kona kaiaulu.
A person loves his community
사람은 이웃과 공동체를 사랑합니다.

누가 와이키키를 해운대라 했던가?

와이키키 비치

"해운대랑 비슷하다던데."

하와이 여행을 준비한다고 하면 한 번쯤 들어볼 법한 이야기다. 내가 처음 하와이에 갈 때도, 그러니까 10년 전에도 이 이야기는 주변 사람들의 고정 멘트나 마찬가지였다. 부산의 대표적 비치가 해운대인 것처럼 와이키키는 하와이의 상징이다. 해운대를 중심으로 호텔과 편의시설이 밀집한 것처럼 와이키키도 마찬가지이다. 해운대가 어디 내놔도 손색없는 휴양지인 건 맞지만, 와이키키와는 차이가 있다.

먼저 면적을 보자. 해운대는 1.5km이고 와이키키는 3.2km가량 된다. 와이키키가 두 배가량 넓다. 와이키키 비치는 모두 8개의 비치로 구분한다. 와이키키 비치라고 불리는 '듀크 카하나모쿠 비치(Duke Kahanamoku Beach)에서부터 '카이마나 비치(Kaimana Beach)'까지 비치마다 장단점이 있다. 비치를 즐기는 각양각색의 풍경이 마치 스케치북을 넘겨보는 듯한 기분을 느끼게 한다. 찬란한 조명 아래 모래성을 쌓는 건 국적 불문 아이들의 단골 놀이이고, 먼바다에서는 물 위에 뜬 새처럼 서핑을 즐기는 이들이 좋은 파도를 기다린다. 세일링에 나선 요트는 바람을 타고 출렁출렁한다. 모래사장 위에 아무렇지 않게 누워

태닝하는 이들을 보면 '피부가 괜찮을까?' 하는 걱정도 살짝 된다. 도토리 키재기를 하는 듯한 호텔 숲을 보면 도심 속에 만들어진 휴양지라는 사실을 문득 깨닫게 되지만, 또 한편으로는 이런 도심에 전 세계 여행자들이 모두 모이는 곳이 있다는 것 또한 믿기지 않는다. 와이키키 비치에 깔린 금빛 모래사장은 미국 본토에서 데리고 왔다고 하지만, 모래는 고향을 잊은 지 오래된 듯하다. 처음부터 와이키키 모래인 것처럼 보였다(1970년까지 캘리포니아에서 모래를 수입해 와이키키 해변에 공급했다). 햇빛이 비치면 모래알이 반짝거린다.

2021년 발표된 한 연구조사에 따르면 지구 온난화로 인한 해수면 상승으로 20년 후에는 와이키키 해변이 사라질 수 있다고 경고했다. 하와이주는 와이키키 비치를 지키고 싶은지, 큰돈을 투입해 해안 침식을 막고 있다. 와이키키 비치가 사라질 경우 하와이 관광 산업에 막대한 지장이 생기니, 와이키키 비치를 사수해야 하는 건 어찌 보면 당연한 일이다.

와이키키 비치 끝, 호놀룰루 동물원(Honolulu Zoo)과 마주하고 있는 더 트윈핀(The Twin Fin) 호텔에 올랐다. 클럽 라운지는 숨은 뷰 스팟 중 하나이다. 라나이(베란다)에서 어디로 시선을 둬야 하나 허둥지둥했다. 다이아몬드 헤드(Diamond Head)와 카피올라니 공원(Kapi'olani Park) 방향은 푸른 숨결을 뿜어내기 바쁘다. 초록의 무성함이 청춘을 떠올리게 했다. 나무는 나무의 일을 하고, 바람은 바람의 일을 한다. 정면을 바라보면 바다다. 하늘의 색이 바다에 투영된 걸까. 바다의 색이 하늘을 물들인 걸까. 누군가 마법을 부린 것이 분명하다. 눈이 시릴 만큼 투명하다. 쿠히오 비치(Kuhio Beach)에서 패들보드를 타고, 바다에 몸을 담그고, 튜브에 몸을 뉘어 구름과 함께 두둥실거린다. 같이 있던 지인과 동시에 탄성을 질렀다.

"와! 누가 와이키키를 해운대라고 한 거야?"

이토록 무성한 푸름이, 이토록 눈부신 햇살이, 이토록 황홀한 자연이 말문을 막히게 한다. 가만히 바라볼 수 있는 것밖에 할 게 없다. 보면서도 믿을 수 없는, 한편의 풍경화를 보는 것 같다. 에메랄드빛으로 물들인 청아한 바다. 너는 참 있는 그대로 예쁘다.

He mea maika'i ke kākou kekahi i kekahi.

It is good that we are each other's.

우리가 서로 함께 있어 좋습니다.

하와이 바다의 숨은 히어로

　하와이 비치에는 라이프가드(인명구조요원)이 곳곳에서 바다 위 안전을 지키고 있다. 사방이 바다이기 때문일까, 오아후섬의 경우 270여 명의 라이프가드가 근무한다. 물론 모든 비치마다 있는 건 아니다. 기본적으로 'OO 비치파크'라고 끝나는 장소에는 필수로 상주한다. 비치 명칭은 'OO 비치'와 'OO 비치파크' 두 가지로 나뉘는데, 후자가 주에서 관리하는 곳이기 때문이다. 하와이에서 라이프가드는 공무원이다. 정부 부서에 'Ocean Safety Department'라는 별도 조직이 있을 정도이다. 꽤 까다로운 시험과 테스트를 거쳐서 선발된다. 바다 위 안전을 지키는 일이다 보니 해양 스포츠에 뛰어난 실력과 자격증을 가져야 하는 건 기본이고, 체력 테스트도 엄격하게 한다.

　와이키키 비치에서 일하는 라이프가드를 볼 때면 참 부럽다. 근무 환경이 기막히지 않은가! 야자수의 움직임에 바람을 느끼고 윤슬은 반짝반짝 바다 위를 일렁인다. 매일 다른 바다를 관찰하고 적당한 소음이 활기를 더하고, 오가는 여행자들이 그들에게 인사를 건넨다. 좋은 곳에서 좋아하는 일을 하는 이들의 사명감은 남다르겠다 싶은 생각도 든다. 그리고 이 바다와 사람들을 안전하게 지켜주는 것이 감사하기도

하다.

하나우마 베이는 오아후 내 스노클링 성지라고 불릴 만큼 전 세계 여행자들이 스노클링을 위해 모여드는 곳이다. 1974년 해양 생태계 특별 자연보호 구역으로 지정되고 산호초 보호를 위해 일일 방문자 수도 제한된다. 예약해야 입장이 가능하다. 말굽 모양의 독특한 형태와 지형으로, 고요하고 잔잔한 물결이 일렁이고 산호가 풍부해 스노클링의 최적지로 꼽힌다. 예약에 실패하거나, 예약에 도전할 자신조차 없는 이들은 종종 투어 프로그램을 이용한다.

그날은 취재 차 하나우마 베이 오픈런을 했다. 동이 트기 전, 도착해서 입장하고 워크인(예약 없이 방문)으로 티켓을 받았다. 이른 새벽 침대를 박차고 나온 것도, 그렇게 받은 티켓도 아쉬워 스노클링을 하기로 했다. 오전 9시가 조금 넘었을까. 이미 볕을 피할 수 있는 자리에 빈틈은 없어 보인다. 적당한 곳에 짐을 풀기 위해 이리저리 고개 돌리다 라이프가드 타워 뒤쪽 공간이 보여 의자를 펼쳤다. 스노클링하는 시간보다 쉬는 시간이 더 많았던 그곳에서 우연히 라이프가드의 분주한 일상을 엿보게 되었다.

하나우마 베이 모래사장의 길이는 500m가량이다. 이 사이 라이프가드 타워는 모두 세 곳이다. 오아후의 다른 비치와 비교해도 라이프가드가 많은 셈이다. 물론 하나우마 베이에 사람이 많은 만큼, 실제로 해양 사고도 잦다(실제 하나우마 베이는 오아후에서 인명사고 및 구조 사건이 많기로 1~2위를 다툰다). 라이프가드 부스를 잘 관찰하면, 노란색 구조 서프보드 몇 개쯤은 기본으로 세워져 있다(하와이에서는 소방차, 소방헬기, 소방요트, 스쿨버스가 모두 노란색이다).

책을 손에 잡고도 읽는 둥 마는 둥 그날 나의 시선은 온통 라이프가드에 쏠렸다. 누군가의 질문에 답도 해야 하고, 또 여행객이 설치한 파라솔이 바람에 날리는 걸 보고 뛰어 내려와 파라솔이 다른 여행자들을 다치게 하지 않도록 챙겨야 했다. 꽤 분주한 모습이었다. 그러던 중 내 눈을 의심하게 된 장면이 펼쳐졌다. 베이 가운데 부분에서 부자지간처럼 보이는 이들이 스노클링을 하고 있었다. 라이프가드들이 뭔가 동시에 포착한 듯 빛보다 빠른 속도로 타워에서 뛰어내려 서프보드를 가차 없이 물에 던지고 그 위로 올라탔다. 그러고는 패들링을 해 물속에서 허우적거리던 남성들에게 다가가 상태를 확인했다. 동시에 세 곳의 타워에 있는 각 한 명씩, 세 명의 라이프가드가 새처럼 날아 움직였는데,

그보다도 놀라운 건 그들의 속도였다. 눈 깜빡할 사이 150m 정도의 거리를 단 1~2초 만에 돌파했다. 보고 있으면서도 제대로 본 게 맞는지 놀라웠다. 다행히 바다 위에서 특별한 일은 일어나지 않았다. 라이프가드도 별일 없이 돌아와 서프보드를 세우고, 가볍게 물 샤워한 후 두세 계단을 한 번에 성큼 뛰어 가볍게 타워로 올라갔다. 그리고 아무 일 없다는 듯 다시 주위를 살폈다.

바다가 평온할 수 있는 건, 그들이 그곳에 있기 때문이다. 그들은 매일 아침 하루가 평화롭기를, 매일 저녁 고요한 하루의 마무리를 감사하고 밤새, 누구보다 더 이 바다가 무사하길 간절히 바랄 것이다. 하와이의 거친 파도를 이기는 그들의 열정이 그 바다를 잠재우는 건 아닐지, 하나우마 베이에서 만난 화려하고 유려한, 물고기보다 더 빨랐던 라이프가드의 모습은 그들을 다시 바라보고 생각하는 계기가 되었다.

E alu ka pule iā ʻoukou.

Let's pray together.

우리 함께 기도합시다.

🌺 ─────── ○○ 비치파크에는 주차장, 화장실, 피크닉 테이블, 간이샤워대 같은 편의시설을 갖추고 있지만 곳에 따라 차이가 있습니다.

와이키키의 마스코트는 헬로키티?

ABC STORE

'ABC STORE'는 처음 들으면 신발 할인 매장 아니냐고 착각하기 쉽지만, 와이키키에만 마흔 곳 넘는 매장을 가진 편의점 브랜드이다. 블록마다 하나씩 있을 정도로 많아서 ABC 스토어에서 모든 걸 해결할 수 있을 것 같은 착각이 들 때도 있다. 와이키키에서는 해마다 수만 명의 여행자가 ABC 스토어를 먹여 살리는 것 같다는 우스갯소리가 있는데, 정작 현지인들은 그 비싼 ABC 스토어를 왜 가는지 모르겠다고 한다.

ABC 스토어에는 여행을 기념할 만한 마카다미아 초콜릿, 코나 커피 등 기념품도 다양하게 판매하는 데, 그중 눈길을 끄는 건 인형이다. 하와이를 대표하는 인형이라고 하면, 거북이나 몽크씰 같은 인형이라고 생각할 수 있지만, 현실은 산리오 캐릭터이다. 헬로키티, 마이멜로디, 쿠로미, 시나모롤 등이 주인공인데 ABC 스토어 여기저기에서 '나 어서 데려가야지?' 하는 눈빛으로 디스플레이 되었다. 그 옆으로 라이언, 춘식이, 어피치도 있지만, 정작 한국에서 온 이들에게 관심을 가지는 사람은 드물다. 대부분의 한국 여행자도 "어, 라이언이다" 하고 가 버린다.

하지만 하와이의 헬로키티는 새하얀 얼굴에 빨간 리본을 달고 있는 기존에 잘 알던 모습이 아니다. 헬로키티는 태평양을 건너오면서 흰 피부 대신 까무잡잡하게 태닝을 하고 훌라 옷을 입었으며, 목에는 꽃 목걸이 레이를 하고, 또 한 손에는 서프보드를 들었다. 가끔은 파인애플 옷을 입기도 한다. 2024년에는 키티(Kitty) 탄생 50주년이라고 해서, 50주년 기념 인형이 새로 출시되기도 했는데, 현지에서 불티나게 팔렸다. 계속 팔려 나가도 곧바로 채워지는 인형을 보면 도대체 얼마나 만든 건지 궁금해질 정도였다. 인형뿐이냐고? 열쇠고리, 키링, 에코백,

텀블러, 비치 타올 등 종류도 다양하다.

일본의 섬세함이 하와이 전통문화와 만나면서 사람들의 마음에 어필하고 있는 셈인데, 특이하게 아시아권 여행자들에게 인기다. 국내 한 여자 연예인이 하와이에서 열애 기사가 났을 때, 가방에 이 인형 하나를 달고 있어서 더 큰 반향을 일으키기도 했다. 중국 장사꾼들이 전 매장을 돌며 다 쓸어가는 바람에 태닝 키티 하나 사려고 ABC 스토어 몇 곳을 순회하는 웃지 못할 일도 있었다.

언제부터 ABC 스토어의 태닝 헬로키티가 하와이 여행 필수 기념품으로 자리 잡게 되었는지 모르겠다. 뭘 잘 부탁하지 않는 몇몇 지인들도 이 인형 구매를 부탁할 정도면 국내에서도 인기 아이템인 건 맞나 보다. 누가 그랬다. 캐리어 한가득 키티를 사 와서 당근에서 팔아보라고. 비행기값 벌지도 모른다며! 지역 특색을 담은 하와이 한정판 키티의 사랑이 언제까지 지속될지는 알 수 없지만, 햇볕에 살짝 그을린 귀여움이 새하얀 키티보다 정이 가는 건 어쩔 도리가 없다. 하와이에 온 헬로키티, 아니 알로하 키티라고 불러야 할까보다.

태닝 키티 인형 정품은 ABC 스토어, 돌 플랜테이션 스토어, 카할라 호텔에서만 구입할 수 있습니다. 종종 '듀크 마켓 플레이스' 등 일부 기념품 숍에서 판매하는 인형은 중국 저가 제품입니다.

누구에겐 쉼, 누군가에겐 삶

메일리 필박스, 호놀룰루 마라톤

하와이는 휴양지의 대표 명사로 불린다. 많은 매체에서 하와이를 다룰 때면 앞다투어 와이키키를 소개하는 것도 사실이다.

바람 부는 야자수 나무 아래에 앉아 여유를 즐기고, 수영복을 입고 비치 의자에 반쯤 몸을 기대어 칵테일 한잔 삼키며 이따금씩 수영장에 들어간다. 튜브를 소파 삼아 의지한 채 와이키키 비치를 둥둥 배회하기도 하고, 부기 보드 위에 몸을 올려 파도를 타는 건지 파도에 빠지는 건지 모를 놀이를 한다. 파도 위에서 묘기를 부리듯 유려하게 파도를 즐기는 서퍼를 넋 놓고 바라본다. 대부분 이렇게 바다를 배경으로 물을 친구삼아 즐기는 곳이라 그렇게 생각할 수도 있다. 그래서 영화 「친구」에서도 "네가 가라, 하와이"라고 한 걸까? 일상에 지친 몸을 충전하고 휴양을 즐길만한 요소가 파도처럼 넘실거리는 건 맞지만, 하와이에 바다만 있다고 생각한다면 아쉽고 섭섭하다.

바다를 즐기는 방법은 여럿인데, 그중 내가 좋아하는 건 트레일이다. 오아후 전망이 좋은 곳에는 모두 벙커가 있다. 2차 세계 대전이 낳은 부산물이다. 먼바다를 지키기 좋은 곳에 군대 벙커가 있었던 셈인데, 요즘은 트레일 코스로 여행자들이 즐겨 찾는 장소로 바뀌었다. 라

니카이 필박스(Lanikai Pillbox), 에후카이 필박스(Ehukai Pillbox) 등 명칭 뒤에 '필박스'라는 이름이 붙는 곳이 대표적이다.

　한 번은 서쪽 끝에 있는 핑크 필박스에 다녀왔다. 정식 명칭은 메일리 필박스(Maili Pillbox)이다. 이곳에 세 곳의 벙커가 있는데, 한 곳을 핑크로 색칠해 둬서 핑크 필박스라고 부른다. 다른 곳과 비교해서 찾는 이들이 많지 않아 조용히 오랫동안 필박스에 앉아 망망대해를 즐기기 좋다. 선셋 때는 더할 나위 없다. 푸름이 넘실거리는 곳에 '핑크'라니 어색할 수 있지만, 유방암 캠페인 상징으로 칠해둔 것이라고 한다. 1991년부터 미국 뉴욕에서 핑크 리본이 유방암의 상징으로 사용되고 있는데, 이곳 역시 같은 뜻인 셈이다. 편도로 30분 정도 걸리는 제법 가파른 길인데, 여기에 웨딩드레스를 입고 온다면 어떨까? 느닷없이 웨딩드레스 타령이 어이없을 수 있지만, 그날 낯선 광경을 봐 버렸다. 한 일본 커플이 웨딩 촬영을 위해 이 핑크 필박스를 올랐는데, 웨딩드

레스를 입고 길을 오르는 신부 모습이 처음에는 의아했지만, 핑크 필박스 위에서 펄럭일 베일이나 트레인(웨딩드레스 자락이 길게 늘어진 부분)을 생각하니 평생 잊을 수 없는 촬영이 아닌가 싶은 생각에 절로 박수가 나왔다. 그들의 웨딩 사진이 어떨지 궁금했다.

오아후는 러너(runner)들의 천국이기도 하다. 연령대 상관없이 뛰는 사람이 많은데, 한 번은 지인이랑 러닝 이야기를 나누다가 미국 의료 보험 이야기까지 하게 되었다. 나이 들어서 아프면 병원비가 많이 나오니 건강을 챙길 수 있는 가장 좋은 방법이 러닝이라며, 오아후에서 러닝이 인기 스포츠인 이유도 그런 연유일 것이라는 이야기를 나눴다. 실제로 미국 4대 마라톤 대회 중 하나인 호놀룰루 마라톤(Honolulu Marathon)의 성장 배경이자 목적이 심장병 치료와 예방이다. 호놀룰루 마라톤은 누구나 참가할 수 있고, 시간제한이 없는 것으로도 잘 알려졌다. 오아후는 러닝 코스도 다양하고 길도 평탄해 새벽부터 저녁까지 달리는 이들이 많다. 걷다가 러너 무리를 만나게 되면 나도 뛰어야 하

는 건 아닌가? 하는 생각이 든다. 알라모아나 비치파크, 와이키키에서 달리다 보면 우연히 무라카미 하루키를 만날 수 있지는 않을까? 하는 허무맹랑한 생각도 한다(무라카미 하루키가 하와이에서 조깅을 즐긴다는 건 잘 알려진 이야기다).

하와이에는 천혜의 자연환경을 활용하는 액티비티도 많은데, 필수로 해야 하는 게 있냐고 물으면 꼭 그렇지만은 않다고 답한다. 배를 타고 바다에 나가고 하늘 위를 비행하고 땅 위를 달리는 등 여행자들의 지갑을 열 액티비티는 헤아릴 수 없이 많지만, 굳이 뭘 꼭 하지 않아도 좋은 곳이 하와이라는 말이다(숨만 쉬어도 좋은).

완벽한 여행 인프라를 가진 곳이라 오래전부터 여행지로 인기를 누리고 있는 하와이. '세계 최고의 휴양지' '평생 잊지 못할 여행지' 같은 타이틀이 이유 없이 달리는 건 아니지만, 하와이는 휴양지 이전에 사람이 모여 삶을 꾸려가는 하나의 도시라는 사실도 잊지 말자. 여행자들에게는 삶의 작은 쉼표 하나를 찍는 곳일 수 있지만, 누군가에게는 삶의 터전이기도 하다. 하와이(Hawaii)가 하와이어로 '작은 고향'이라는 뜻을 가진 것처럼.

Aloha ʻoe i kuʻu uka.
Love you, my land.
나의 땅을 사랑합니다.

파이 카페에서 만난 한국인의 뿌리

심심하면 하와이 자료를 찾아보는 일이 일상이 된 지 오래다. 새로 생긴 카페는 없는지, 놓쳤던 맛집은 없는지, 하와이 인기 트렌드는 무엇인지 찾아본다. 요즘은 참 좋은 세상이라 손가락 몇 번만 움직이면, 전 세계를 방구석에서 구경할 수 있다. 게다가 구글 지도에서 저장 한 번이면 잊어버릴 일도 없다.

여행자들이야 코나 커피를 즐겨 찾지만, 현지인들은 그렇지 않은 경우가 많다. 오히려 자체적으로 로스팅을 하거나, 미국 본토의 유명한 로스터리 원두를 사용하는 동네 카페를 찾는다. 여행자들이 머무는 카페는 바쁘게만 돌아가는 것 같아 종종 현지 동네 커피 맛집을 찾아다니곤 한다. 그날도 한국에서 미리 저장해 둔 카페를 찾았다.

하와이에 사는 동생인 동준과 점심을 먹고 카페에 들러 메뉴판을 살폈다. 동준인 한국인이지만, 하와이에 터를 잡은 지 14년이 되어가는 교포다. "뭐 마실래?" 하고 한국어로 대화했는데, 주문을 받으려고 기다리던 사장님이 들었던 모양이다. "한국분이세요?"라고 해 깜짝 놀랐는데, 놀란 건 우리도 사장님도 마찬가지였다. 이렇게 핫한 카페 오너가 한국인이라니. 자랑스러웠다. 카페 시그니처메뉴 중 하나인 벨벨

"

크림 콜드브루를 추천받았다. 아이슈페너와 비슷한 음료인데, 크림의 부드럽기가 오후 1시의 나른함을 싹 깨워주는 맛이었다. 한 모금 마시고 이곳이 왜 인기가 있는지 조금씩 이해하게 되었다. 이후로도 나는 틈틈이 카페를 찾았다. 맛있는 곳은 여러 사람에게 알려야 한다며 웬만한 약속은 이곳에서 잡았다. 커피와 스콘 맛은 귀차니즘마저 극복하게 하고 날 움직이게 했다. 그렇게 사장님과 점점 가까워질 때쯤 카페 이름에 대한 설명을 듣게 됐다. 사실 궁금했던 터라 슬쩍 물어보고 싶었는데 말이다.

부부가 운영하는 이 카페 남자 사장은 현지인으로 이름은 '마이카'이다. 아내가 한국인이라 한국어를 곧잘 했다. 카페명 'Pai'를 단순히 파이라고 읽었는데, 이 표기가 한국어 '배' 씨의 영문 표기였다. 새삼 놀라 무슨 인연인지 이야기의 꼬리를 물었다. 마이카의 할아버지가 한국인이었던 것. 사탕수수 시절 한국에서 하와이로 이민 온 할아버지는

독립운동 자금을 마련하는 등 한국 독립과 한국인 정착에 힘을 보태며 앞장선 분이었다고 했다. 아내인 여자 사장 썬(Sun)이 현지에서 발간된 신문이며 스크랩을 찾아 정보를 모았고, 그렇게 시할아버지에 대한 사연을 알게 된 것. 그리고 할아버지의 '성'을 따서 카페 이름을 만들었다. 이 사실을 알게 된 뒤 마이카의 아빠도 만났다.

　토요일 낮이었던가. 느지막이 점심을 때우기 위해 카페에 갔다. 아사이볼을 주문하고 보니 여석이 없었다. 매장 출입구 앞 야외 테이블에 의자 하나가 남아있어 같이 앉아도 되냐고 물었다. 하늘에 구름 한

점 없이 투명한 날이었다. 날씨 이야기로 스몰토크를 시작했다. 주문한 아사이볼을 마이카가 서빙해 주며 서로 통성명을 나누게 되었고, 동석자는 다름 아닌 마이카 아빠였다. 자연스레 할아버지 이야기를 꺼냈다. 마이카의 아빠는 부친 이야기 앞에 꽤 진지한 표정을 지었다. 누구보다 부지런하게 일했고, 한국 독립에 열정을 다해 앞장선 분이었다고 한국인의 근성과 태도를 높이 샀다. 얼굴조차 한 번도 본 적 없는, 그저 배 씨 할아버지라고밖에 모르는 그분 덕에 한국인으로서 자부심이 차올랐다. 사탕수수와 파인애플 농장에서 흘린 힘겨운 땀방울이 만들어 낸 가치가 오늘을 살아가는 우리에게 자긍심을 안겨주는 순간이었다.

Ua ola loko I ke aloha.
사랑은 내면의 생명을 키웁니다.

내겐 너무 완벽한

알리 비치

경상북도의 면적과 비슷한 오아후가 넓은 곳은 아니지만, 와이키키나 알라모아나 쪽에 숙소를 마련하게 되면 의외로 노스쇼어 쪽으로 가는 길은 드물다. 여행이나 특별한 목적이 아닌 이상 발길을 두지 않게 되는 데, 그러다 보면 여행지로서의 노스쇼어만 즐기게 되는 안타까움이 있다. 렌터카를 운전해서 노스쇼어로 이동하더라도 무슨 복귀 본능인지, 기다리는 사람 하나 없는 숙소인데도 어김없이 저녁 전에 돌아온다.

좋은 기회로 노스쇼어에 3주간 머물면서, 남편과 이번에는 와이키키에 가지 말고 노스쇼어를 잘 즐겨보자 다짐했다. 작은 마을이지만 여행자로 돌아보는 시선과 현지인 입장에서 즐겨보는 건 분명 차이가 있을 테니 말이다. 남편과 매일 비치를 순회했다. 비슷하게 생긴 비치이지만 각각의 이름을 가진 숨은 비치가 많았다. 마츠모토 쉐이브 아이스(Matsumoto Shave Ice)라고 쉐이브 아이스 원조 매장이 있는데, 그 탓인가, 동네에 쉐이브 아이스를 판매하는 곳이 많다. 이 매장들도 한 번씩 다 돌아보자고 했다. 여행자들이 찾는 노스쇼어 코스에서 한참 비켜선 이 마을을 즐겨보리라 다짐했고, 도장 깨기라도 하듯 새로운 곳을 찾아 나섰다.

모쿨레이아(Mokuleia)라는 동네가 있다. 오아후 북서 끝에 위치한 곳으로, 옛 비행장에서 이뤄지는 스카이다이빙 같은 액티비티를 하지 않는 이상 여행자들이 관심 두지 않는 곳이다. 이곳은 현지 주민도 많이 살지 않는다. 적막함마저 감도는 바다가 홀로 조용히 지키고 있다. 거북이는 누구의 방해도 받지 않고 평화롭게 쉬어간다. 밤이 되면 별이 쏟아진다. 캠핑 사이트와 함께 있는 비치도 있는데, 금요일 오후가 되면 현지인들이 기다렸다는 듯 쏟아져 나온다. 주말과 평일의 모습이 완연하게 달라지는 곳이다.

비치 순회를 마치고 우리의 아지트로 정한 곳은 알리 비치파크(Alii

Beach Park)였다. 할레이바 비치파크(Haleʻiwa Beach Park) 안쪽에 있어 사람들은 할레이바 비치라고도 했지만, 엄연히 지도상 알리 비치라고 표기되었다. 알리 비치는 파도는 잔잔하지만, 암초가 많아 물놀이하기에는 불합격이다. 물놀이는 할 수 없지만 망중한을 즐기는 우리에게는 최고의 환경이었다. 일단 여행자들이 없어 조용하다. 간혹 외국 여행자들이 찾곤 했지만 붐비지 않았다. 큰 나무 아래 비치 체어를 두고 앉아 있으면 거북이들이 애교를 부린다. 여기서 빼꼼 저기서 빼꼼. 그러다 몇 마리는 우리도 모르는 사이 모래사장 위에 올라와 휴식을 취한다. 막 바다에서 올라온 거북이는 등짝의 물이 마르지 않아 모래사장 위 바위처럼 보일 때도 있다. 가끔 현지 주민이 우쿨렐레를 들고 나와

서 혼자 연습하는데, 그것은 마치 우리만을 위한 독주회처럼 느껴진다. 비치도 조용하지만, 공원도 꽤 넓고 주차도 쉽고 화장실과 샤워 시설마저 잘 갖추고 있어 완벽했다.

5분이면 도착하는 거리이지만, 오전부터 알리 비치에 갈 생각으로 일찍 설렌다. 지인이 운영하는 푸드 트럭이 바쁜 시간을 넘기면, 앞치마를 벗고 남편과 둘이서 알리 비치로 향한다. 오후 2시쯤 한낮의 태양이 뜨겁게 우리를 반기지만, 나무 그늘이 있어 괜찮다. 주차 후 고운 잔디 공원을 가로질러 우리의 전용 나무 그늘 아래까지 깡충깡충 발걸음도 가벼이 춤을 추며 걸어간다. 블루투스를 켜고 좋아하는 곡을 틀어 놓고 있으면 여기가 하와이인지 한국 어느 바다쯤인지 모를 때도 있지만, 눈앞에 펼쳐지는 풍경이 '여기가 하와이야'라고 말해준다. 눈부시게 맑고 고운 하늘이 시리도록 아름답다. 낮게 깔린 구름이 잡힐 듯 잡히지 않는다. 멀리 쿠아오칼라(Kuaokala) 산이 조용하게 오아후 북서 끝을 지키고 있다.

우리는 하루가 멀다고 알리 비치를 갔다. 어떨 때는 아사이볼 하나를 샀고, 또 어떨 땐 맥주 한 캔을 텀블러에 담았다(하와이는 공공장소에서 알코올을 마실 수 없다). 가끔은 커피나 파인애플 젤리 같은 간식도 챙겼다.

알리 비치에 머무는 시간이 더해지면 더해질수록 우리는 이곳에 점점 마음을 붙여갔고, 이후에는 우리 부부에게 1등 비치가 되었다. 나무 그늘에 비치 체어를 펴두고 가만히 앉아 있는 것 말고 특별히 뭘 하지는 않았지만, 우리에게 따듯한 보금자리가 되어준 알리 비치.

노스쇼어에 3주간 머물면서 와이키키에 푸드 트럭 장 보는 일 말고는 가지 않았다. 그곳에 있으니 와이키키 생각이 나지 않은 것도 있지만, '굳이 차 막히고 사람 많은 데 뭐 하러 가나' 하는 마음이었다. 일요일 장을 보러 갈 때도 빨리 장 보고 돌아가고 싶은 마음이 컸다. 사람 마음 참 간사하다.

For me, the magic of Hawaii comes from the stillness, the sea, the stars.
– Joanne Harris
나에게 하와이의 마법은 고요함, 바다, 별에서 시작됩니다.
– 조앤 해리스(영국 소설가)

이곳은 정말 파라다이스일까?

카파후루 애비뉴와 알라와이 하버

한 번은 작정하고 걸으러 나섰다. 특별한 트레일 코스가 아니라 그냥 시내 곳곳을 쏘아 다녔다. 미국 제44대 대통령 버락 오바마(Barack Obama)가 졸업한 푸나후 학교(Punahou School)에서 시작해 하와이대학 마노아 캠퍼스(UH Mānoa) 어디쯤에 있는 육교를 건넜다. 현지인들이 가장 쉽게 찾는다는 알라와이 골프장(Ala Wai Golf Course)을 구경하며 걷다 멈추기를 반복했다. 필드에서 미식축구하는 팀도 만났고, 짝을 이뤄 러닝을 하는 이들도 있었다. 누군가는 자전거를 탔고, 몇몇은 나처럼 느긋하게 때론 빠르게 걸었다. 그러다 카파후루 애비뉴(Kapahulu Ave)까지 왔다. 카파후루 애비뉴는 로컬 맛집이 모인 도로변이다. 브런치 맛집으로 유명한 '스윗트 이즈 카페(Sweet E's Café)' 말라사다 원조로 이름을 알린 '레오나즈 베이커리(Leonard's Bakery)' 포케 맛집 '프래쉬 캐치(Fresh Catch)' '오노 시푸드(Ono Seafood)' 로컬 펍 '엉클 보(Uncle Bo's)' 돈가스 맛집 '돈가츠 타마푸지(Tonkatsu Tamafuji)' 등. 게다가 단골이 된 '파이 카페 커피(Pai Cafe coffee)'까지 말이다.

한 시간 넘게 걸었을까. 조금 더운 시간이라서 그랬는지, 참새가 방앗간을 그냥 지나칠 수 없었는지 카페에 들러 아메리카노 한 잔을 주

문하고 사장님과 간단한 수다를 나눴다. 하루 중 가장 많은 말을 한 것 같은 기분이다. 먼 길 떠나기 전 화장실까지 들렀다가 다시 횡단보도 몇 개쯤 지나 와이키키에서 한 블록 떨어졌지만, 조용하게 산책할 수 있는 알라 와이 대로(Ala Wai Blvd)까지 왔다. 마노아 스트림(Manoa Stream)에서 시작되는 물줄기 중 와이키키로 연결되는 수로가 있는데, 그곳을 알라 와이 운하(Ala Wai Canal)라고 한다. 인공 수로인데 와이키키 북쪽 경계나 마찬가지인 곳이다. 그 끝은 결국 태평양이지만. 평평한 운하가 건설되고, 이 주변으로 크고 작은 부동산이 생겨났다. 이것이 와이키키가 성장하는 데 결정적인 역할을 했다. 당시 똑똑한 엔지니어들은 오염물이 와이키키에 쌓이는 걸 걱정해 배출구도 미리 설계했다고 한다.

알라 와이 운하에서 할 수 있는 거라곤 카누가 전부인데, 퇴근 시간

이 되면 이곳에서 카누 연습을 하는 팀들 구경으로 시간 가는 줄 모를 정도이다. 4km 남짓 좀 되려나, 한쪽으로 높은 건물이 있고, 저 멀리 마노아 산맥이 보이고 와이키키도 알라모아나 쇼핑몰도 보인다. 멀리까지 내다보지 않아도 알라 와이 운하를 걷는 도중에도 볼거리가 가득하다. 길거리에 나무, 꽃조차 여행자들에겐 구경거리가 되니 말이다. 산책 나온 현지인, 여행자들과 눈인사도 하고 중간에 하버 속 생명 구경도 한다. 물고기가 꽤 많다. 운이 좋은 날엔 새끼 만타레이도 만난다.

차를 이용해서 다니면 빠르게 스쳐 지나가는 곳을 천천히 걸어보면 놓친 것이 보인다. 현지인들의 다양한 삶을 볼 수 있고 주택과 건물의 조화도 보이고 간혹 텃밭도 있는데, 도로 옆에 있는 텃밭이라도 하와이 공기라면 깨끗할 것만 같다. 폐허를 보면, 허름하고 작은 집이라도 '하와이라 비싸겠지?'라는 생각이 들고 공원에 있는 홈리스에게서는 애써 눈을 피하지만, 곁눈질해 보기도 한다. 그러다 또 다른 공원 놀이 터에서 땀을 흘리며 노는 아이들을 보면, 그들에게 내리쬐는 볕 한 줌이 제 주인을 만난 것 같다. 그 모습이 보기 좋아 한참을 그 앞에 서 있는다.

두 시간쯤 걸었을까. 알라 와이 운하가 끝나는 곳에 와이키키와 알라모아나를 구분하는 알라모아나 블로드 다리(Ala Moana Bouelvard Bridge)가 있다. 그 다리를 건너, 왔던 길 반대편에서 다시 길을 나섰다. 누가 봐도 더울 시간이라 움직이는 사람이 많지 않은데, 알라 와이 운하에서도 그늘이 가장 많은 알라 와이 프로메나드(Ala Wai Promenade) 공원은 언제나 한적하고 차분하다. 종종 피하고 싶은 홈리스가 있기는 하지만, 눈길을 주지 않으면 그만이니까. 그늘을 천천히 걷다가 뒤따라오던 한 청년의 통화를 엿듣게 되었다.

"생각하기에 따라 파라다이스일 수도 있고, 아닐 수도 있을 거야."

대화의 전후 맥락은 알 수 없지만, 나도 그 청년처럼 생각한다. 걷는 동안 마주한 풍경에 파라다이스도 헬(Hell)도 모두 있었으니까. 사람 사는 곳이 다 그런 것처럼.

하와이컨벤션센터를 지나 맥컬리 스트리트(McCully St)에 있는 버블티 매장 커피 오알 티(Coffee or Tea)에 들러 늘 마시던 밀크티가 아닌 평소 눈길 두지 않았던 허니듀 멜론 밀크티(Honeydew Melon Milk Tea)를 주문한다. 누구나 알만한 멜론에 좀 더 달달한 맛이랄까. 더위를 식히기 딱 좋은 정도의 시원함을 타피오카 펄과 함께 마시며 다시 걷는다. 걷다 보니 보폭이 비슷한 이가 곁에 있다. 앞서거니 뒤서거니 하다 횡단보도 앞에 같이 멈췄다. 눈을 마주치고 인사를 나누고 어김없이 시작된 스몰토크. 보스턴에서 여행 온 중년의 백인 남자. 맥컬리 스트리트 길 끝에서 나는 고가도로를 건너 다시 로컬의 삶으로 돌아갔고, 그는 다시 여행자 천국인 와이키키로 돌아갔다. 그가 만난 하와이는 파라다이스였을까?

He ʻohu no ka maluhia.

Peace comes like mist.

평화는 안개처럼 찾아옵니다.

Part 2

지금은, 알로하 타임

"조금 천천히, 한 박자 쉬어가며,

바람도, 풍경도 느긋하게 담아 봐야 하는 곳.

알로하 타임은 그렇게 천천히 걷는 법을 가르쳐준다."

피하지 못한다면 즐기기

하와이는 기본적으로 일 년 내내 '날씨가 좋은 곳'이라는 생각이 앞서서일까. 미리 날씨를 체크하고 날씨에 따라 해야 할 일을 나누지는 않는 편이다.

'하와이' 하면 가장 먼저 떠오르는 것이 '날씨'인 만큼 대부분 화창하고 맑다. 무지개를 자주 볼 수 있으니, 비도 잦을 거로 생각하기 쉽지만, 비가 내리는 지역은 일부이다. 물론 햇빛이 있는 힘껏 눈부신 날, 구름 한 점 없는 깨끗한 하늘에서도 가끔 빗방울이 떨어질 때가 있지만 그것도 잠시. 여우비처럼 내리다가 멈춘다. 종일 쏟아지는 비가 아니고서야 현지인들은 우산을 잘 펴지 않는다. 도보로 와이키키를 걸어다니다 보면, 비가 스칠 때가 있다. 그럴 때 걸음이 빨라지거나 우산을 펴는 사람은 대부분 동양인 여행자이다. 현지인들이나 서양 사람들은 비가 와도 느긋한 편이다.

매우 일정한 편인 하와이 날씨이지만, 건기와 우기로 나뉜다. 보통 건기는 5월~10월, 우기는 11월~4월까지로 본다. 우기에 비가 잦기는 하지만, 건기 대비 잦은 편일 뿐이고, 몇 시간 뒤 금방 맑아진다. 태풍이나 허리케인, 혹은 우기에는 종일 비가 오거나, 많은 비가 와서 홍수

가 나는 경우도 있다. 오아후에 홍수가 나는 건 대부분 지대가 낮아 물이 범람하는 경우, 배수에 문제가 생겨 물이 넘치는 경우이다. 아주 가끔 '하늘에 구멍이 났나?' 생각하며 바라볼 만큼 세차게 퍼붓는 비도 있다.

오아후는 두 개의 순상 화산 산맥이 있는데, 현재는 사화산이다. 크게 서쪽으로 뻗어 있는 와이아나에(Waianae)산맥, 동쪽으로 뻗은 쿨라우(Koolau)산맥이다. 두 산맥이 평행하게 놓여 있다. 이 산맥을 따라 퍼져나간 능선이 아름다운 계곡과 산세를 만든다. 물론 비구름에 영향을 주기도 한다. 일단 서쪽 와이아나에산맥 쪽은 따뜻하고 건조한 편이다. 동쪽에 있는 쿨라우산맥은 습하고 푸르다. 로컬들이 말하길 구름이 쿨라우산맥을 넘어오다가 걸리는 경우가 많다고 한다. 두 개의 산맥에서 뻗어 나온 줄기는 크게 5개 지역으로 나뉘는데, 와이키키가 있는 중심부 호놀룰루, 북쪽 노스쇼어, 동쪽 윈드워드 코스트, 진주만이 있는 센트럴 오아후, 서쪽인 리워드 코스트이다. 비는 대부분 이른 새벽녘에서 아침에 시원하게 쏟아지는 날이 많다. 오아후는 웬만해서는 전 지역에 비가 오는 건 드문 일이다. 동쪽에 비가 내려도 와이키키에 내리지 않는 경우가 있고, 할레이바(Hale'iwa)에 비가 온다고 해서 진주만(Pearl Harbor)에도 오는 건 아니다. 산맥에 따라 지역에 따라 차이가 있으니, 비가 온다고 해서 우울해 있을 필요는 없다.

한번은 갑자기 쏟아지는 소나기에 몸이 흠뻑 젖어 생쥐 꼴을 면하지 못했던 때도 있었다. 알라모아나 비치파크(Ala Moana Regional Park)에 있던 중 비를 피한다고 뛰었는데, 뛴다고 해서 완전히 비를 피할 수 있

는 건 아니라는 생각이 들었다. 물론 비가 오면 취약한 물건, 예를 들어 카메라, 전자 기기는 치명적일 수 있으니 최대한 몸 안쪽으로 숨겨보지만 말이다. 그날도 갑자기 굵어지는 빗줄기에 주차장까지 나 살려라! 하고 뛰었다. 하지만 내 걸음보다 떨어지는 비의 속도와 양이 더빠른 것. 피할 수 없으면 즐기라고 했던가. 결국 체념한 채로 비는 홀딱 맞았지만, 오히려 기분은 홀가분했다(한국이라면 산성비라고 난리를 쳤을 테지만, 하와이 비는 산성비는 아닐 테니 안심하고 맞았다). 그리고 그날 이후로 떨어지는 빗방울에 무던해졌다. 여행 중 비가 내리면 불편할 수있지만, 비가 내려야 무지개를 볼 수 있다. 그러니 비가 내린다면 조용히 무지개를 기다려보자.

In the islands, we live in harmony with nature.
섬에서 우리는 자연과 하나 되어 살아갑니다.

하다 하다 어학원까지

글로벌 빌리지(Global Village)

좋은 기회에 자유 일정이 3주나 덤으로 생겼다. 3주 동안 뭘 해야지 가장 잘 보냈다고 할 수 있을까 고민하다가 어학원 등록을 하기로 마음을 먹었다. 주변에서는 "진짜 하다 하다 별걸 다 한다"라고 했다. 언젠가 기회가 되면 꼭 해보고 싶었던, 내게는 버킷리스트 같은 일이었다. 일전에도 일주일 회차권(50분=1회)을 끊어서 들어본 적이 있지만, 어학원을 몇 주간 등록하는 건 처음이었다. 3주를 한다고 해서 얼마나 실력이 늘겠냐마는 실력을 키우는 것보다 해보고 싶었던 일이었다.

어디가 좋을까 수소문을 해보고 몇 군데를 직접 갔다. 어학원 등록을 하려면 온라인으로 예약해야 한다고 하지만, 그렇지 않더라도 등록하는 데 전혀 문제가 없다. 와이키키 내 한 곳은 수업 등록이 2주 뒤에나 가능하다고 해 패스, 알라모아나 센터 쪽에 있는 어학원 두 곳의 명성과 수업 내용 가격 부분까지 모두 고려해 편의 쪽으로 선택했다. 당시 렌터카가 있던 상태라 무료 주차할 곳이 필요했기 때문이다. 어쨌든 두 곳 모두 각국에서 온 친구가 많은, 좋게 말하면 세계 유수의 여행지에 캠퍼스가 있는 프랜차이즈 어학원이었다.

나를 일본 사람이라고 생각했던 건지 일본인 여직원이 상담을 진행했다. 다행히 매주 월요일마다 수업 등록이 가능한 곳이라 3주간 등록을 했다. 여행자 신분으로는 주당 20시간까지 수업을 들을 수 있어 비자에도 전혀 문제가 없다. 이전 수업을 들었을 때와는 달리 레벨 테스트가 기다리고 있다는 건 꿈에도 상상하지 못했던 일! 한 시간 동안 라이팅, 문법, 독해, 스피킹을 차례대로 진행했다. 하-아. 영어 시험을 얼마 만에 보는 건지 기억도 나지 않지만, 잔뜩 긴장한 상태에서 시험을 쳤고, 스피킹에서는 예상과 전혀 다른 질문(영어를 배워서 달라진 생활, 직업에서 목표, 살고 있는 곳에 대한 소개 같은)이 쏟아지는 바람에 당황스럽기도 했다. 어디서 왔고, 직업은 무엇이며, 왜 여기 왔는지에 대한 질문을 해야 하는 게 아닌가? 아무튼 테스트가 끝난 후에는 오리엔테이션을 하며 어학원을 홍보하기에 바빴다.

10층에 있는 어학원에서 알라모아나 비치가 시원하게 펼쳐지는데, 다행히 수업하는 각 교실은 비치 대신 시티뷰라 공부에 방해되는 건

아니었다. 테스트 결과에 따라 8단계로 레벨이 나눠지지만, 느낌상 완전 베이직 단계가 아니라면 아시아권과 유럽권을 나누는 듯한 기분이 들었다. 우리 반에 주로 한국인과 일본인만 있던 걸 보면 말이다(유럽에서 온 친구들도 두 명 정도 있었다). '말을 많이 하면 얻어 가는 게 하나라도 더 있겠지'라는 심정으로 열심히 했는데, 일본 친구들이 말수가 적어서 결국 말을 많이 할 수밖에 없었다. 그곳에서 만난 한국인 루비는 결혼 때문에 하와이로 오게 되었다고 했다. 수업 중에는 모두 영어로 이야기해야 하지만, 루비가 있어서 수업이 좀 더 재미있었다(수업 시간에 적극적이었던 건 우리 둘이었다). 모든 선생님이 마음에 들 순 없지만 나쁘지는 않았다.

3주는 체험에 가까운 시간이지 공부의 효율을 높이기엔 적합하지 않은 시간이다. 그래서 튜터를 구해 주 2회 1:1 스피킹 수업을 더 했는데, 사실 1:1 수업이 더 흥미롭기는 했다. 하고 싶은 대화를 원 없이 한 느낌이랄까. 마침 튜터도 나와 나이가 같아 인종은 다르지만 통하는 건 많다는 걸 느낄 수 있었다. 50분 수업인데 매번 2시간을 채우기 일쑤였으니 말이다. 누군가는 공원에 있는 외국인과 이야기하면 된다고 거들지도 모른다. 물론 그것도 좋은 방법이기는 하지만, 뭔가 배울 때는 조금 체계적으로 하는 게 낫지 않을까 하는 게 내 생각이다.

중학교 1~2학년 때, 아빠는 나를 앉혀두고 "미국에 가서 공부하지 않을래?"라고 한 적이 있다. 그때 나는 선뜻 미국을 선택하기에 너무 어렸던 거 같다. 아빠가 날 버리는 거라고 엉엉 울었으니 말이다. 일찌감치 나의 미국행은 내가 스스로 저버린 거나 마찬가지. 그 후회를 이렇게 나이 들어서 하는 것뿐이다. 스스로 저버렸고 다시 스스로 꿰찼다. 하와이를 알고 나서는 영어를 안 할 수가 없는 숙명이 되어버렸다.

Hawaii is the island of big dreams for both islanders and guest.
Those dream born in paradise can indeed come true.
- Sharon Linnea

하와이는 모두에게 커다란 꿈을 꾸게 하는 섬입니다.
낙원에서 탄생한 꿈은 분명 이루어질 수 있습니다.
- 샤론 리네아(미국 소설가)

9월에 불어오는 하와이의 꽃바람

하와이가 덥지 않은 건 무역풍이 쉴 새 없이 불어오기 때문이기도 하다. 무역풍은 위도 0°~30° 사이 저위도에서 일정한 방향으로 부는 바람을 말한다. 하와이 무역풍은 북동쪽에서 남서쪽으로 분다. 하와이 날씨에 무역풍은 빠져서는 안 될 중요한 요소이다. 이 바람이 하와이 기온을 조절하고 습한 공기를 바깥으로 흘려보내고 쾌적한 기온을 유지할 수 있도록 한다. 여행자에게는 산들바람처럼 기분 좋은 바람으로 느껴진다.

하와이에 장기간 체류할 때는 호텔에만 투숙할 수가 없다. 가격도 가격이고, 식사도 문제다. 개인적으로 호텔보다는 주방이 있는 콘도나 에어비앤비를 더 좋아한다. 마노아 지역에 있는 지인 집에 신세를 지는 경우가 많은데, 항상 내어주는 방 침대 머리맡에는 창문이 있다. 밤에 잘 때 창문을 살짝 열어두고 잠든다. 바람, 빗소리, 게코 울음소리가 자장가가 되어주는 밤을 지나 이른 새벽이면 창문 너머로 진하고 향긋한 꽃내음이 동트기 전 잠든 대지를 깨우듯 살랑살랑 바람결에 춤을 춘다. 그 바람 덕에 기분 좋은 기상을 한다. 바람을 타고 꽃향기가 콧등으로 내려앉는다. 일 년 내내 여름 같은 하와이라지만 달의 변화

를 알아차릴 수 있도록 해주는 선물이다. 고층의 호텔 객실이라면 뷰는 좋았겠지만, 이런 자연의 향기는 쉽게 알아차릴 수 없었을 텐데, 자연의 향기가 선물처럼 반갑고 감사하다며 혼잣말을 한다.

9월, 아카시아 향과 비슷한데 아카시아꽃은 아니고, 궁금해서 SNS에 안부 소식을 올릴 겸 꽃 이름 알려 달라는 피드를 올렸더니 하와이 SNS 친구가 오렌지 재스민(Orange jasmine)이라고 댓글을 달았다. 새하얀 이파리가 작고 동글동글 반들반들 향긋하고 달콤한 향이 마음에 쏙 들어 한국에 돌아가면 하나 사야지 다짐했다(한국에서도 구할 수 있는 수목이었다). 옆집과의 경계에 프라이버시를 위해 담벼락 대신해서 펼쳐둔 오렌지 재스민이 건네는 상큼함이 동네를 더 화사하게 만들어주는 것 같다. '당신은 나의 것'이라는 꽃말을 가진 오렌지 재스민의 향을 누군가에게 선물해 주고 싶은 날이다.

낯선 푸드 트럭 속 세상

할레이바 코리안 BBQ

하와이 여행을 하며 인연이 된 이모는 오아후 북쪽, 할레이바에서 푸드 트럭을 한다. 슈림프 요리를 메인 메뉴로 LA갈비와 로컬들이 좋아하는 만두, 밋전(육전) 등을 판매한다. 푸드 트럭이 있는 장소에는 4~5개의 트럭이 옹기종기 모였다. 땅 주인은 한 사람이고, 구역별로 렌트를 주는 셈. 주차장과 화장실은 공용이다.

여행자 신분으로 알바를 한다는 건 말도 안 될 일이지만, 자초지종은 이랬다. 이모가 예전부터 꼭 한 번 자기 집에서 오래 머물렀으면 좋겠다고 신신당부했다. 어쩌다 보니 그 약속을 지키게 된 것. 근데 매일 아침 푸드 트럭으로 출근하는 이모를 마냥 외면할 수가 없다. 그러다 본의 아니게 시작된 일손 돕기였다고 할까?

이모 집과 푸드 트럭 간 거리는 차로 10분 남짓, 오전 9시 함께 출근해서 트럭 문을 열고, 장사를 준비한다. 첫날은 무얼 해야 할지 몰라 우물쭈물했지만, 금세 적응했다. 쌀을 씻어 밥을 안치고, 슈림프 플레이트 메뉴에 사이드로 제공되는 양배추와 소스를 정리하고 투고(To-go) 커피잔에 얼음을 균등하게 담아 냉동실에 넣는다. 콜라, 사이다, 주스를 종류별로 냉장고에 줄지어 세우고 물은 대형 아이스박스에 담아

둔다. 그리고 야외에 마련된 테이블을 한 번 닦는다. 남편은 매장에서 나온 쓰레기를 버리러 쓰레기소각장으로 간다. 업체에서 쓰레기를 수거하는 게 아니라, 매장 쓰레기는 직접 들고 근처에 있는 쓰레기 소각장에 가져가야 하는 구조이다.

고슬고슬 밥이 완성될 때쯤이면 이른 점심을 먹기 위해 찾아온 손님이 첫 주문을 한다. 그때부터 작은 창문을 사이에 두고 손님을 만난다. 주문받고 계산하고 음식을 내어준다. 그렇게 점심시간까지 정신없다가 오후 1시 정도 손님 뜸해질 때 앞치마를 벗는다. 그리고 저녁 장사로 손님이 몰릴 시간 오후 5시 30분쯤 다시 앞치마를 입는다. 일요일은 휴무인데, 그날은 알라모아나(Ala Moana) 지역에 있는 대형마트로 장을 보러 간다. 음료, 소스, 플레이트 박스, 포크 등의 재료를 산다. 이모는 한국에서부터 오랜 시간 음식 장사를 해서인지, 원래 손맛이 좋은 건지, 맛이 좋다. 매장 뒤 한편을 텃밭으로 만들었는데, 거기서 부추를 기른다. 그걸로 부추전도 만들어 판매하고 부추김치도 담근다. 종종 현지 손님들한테 부추김치를 선물로 주곤 하는데, 아주 좋아한다.

2평 남짓한 푸드 트럭은 예전 셔틀버스로 사용한 것을 개조한 것이다. 하와이에는 이렇게 버스를 개조한 푸드 트럭 매장이 많다. 좁고 긴 트럭 안에서 누군가의 허기를 채워줄 한 끼가 뚝딱 만들어진다. 좁아 보이는 그 안에는 냉장고 몇 대, 음식 조리할 가스스토브 화구 등이 있다. 그리고 에어컨 대신 선풍기가 있다. 너무 더우면 냉동실 문을 열고 얼굴을 잠시 넣기도 한다.

트럭 안으로 들어가면 외부와 소통하는 건 차창 하나이다. 차창으로 세상을 만난다. 차창으로 주문하는 손님과 이야기하고, 차창으로 주차장 입구에서 주차 관리하는 우티의 모습을 살핀다. 머무는 동안 친해졌는데, 프랑스 여자인지 미국 여자인지 구분이 안 가는 외모를 가졌다. 얼굴과 목에 깊게 새겨진 주름과 축 처진 피부가 나이를 가늠하게 하다가도, 또 화려하게 꾸민 모습을 보면 도통 감 잡을 수가 없다.

트럭 옆집은 멕시코 요리를 판매하는 곳인데, 손님들이 줄을 얼마나 섰는지도 보인다. 누가 트럭 앞으로 지나가면 '우리 손님인가?' 하고 반갑다가 휑하고 지나가면 아쉽다. 물론 처음에는 아쉬움이 컸는데 차츰 시간이 지나니 그것마저 별일 아닌 것처럼 느껴졌고, 주문 후 맛있게 먹는 모습을 볼 때면 마치 내가 배부른 것처럼 좋았다. 더 즐거운 건 주문 후 팁 박스에 팁을 넣어 주는 순간! 팁을 넣어 준 사람에게는 시원한 물이라도 한잔 더 주고 싶었다. 한국 손님들에게는 김치라도 내어주고 싶었다(다정한 손님들에게는 김치를 서비스로 드리기도 했다).

한 달 채 되지 않은 기간이었지만, 차창으로 보는 세상은 참 재미있었다. 나도 남편도 "언제 이런 걸 경험해 볼까?" 할 만큼 의미 있는 시간인 건 분명했다. 그 어느 때보다 새우를 많이 먹었고, 또 "Anything else?"를 셀 수 없이 많이 외쳤다. 익숙한 하와이지만 낯선 푸드 트럭 속 세상이었고 처음 얼마간은 일상을 보내기가 힘들었지만, 이것도 하다 보니 익숙해졌다. 고작 남편과 나, 두 사람의 손을 보탠 것뿐이지만, 이모는 텃밭을 가꿀 시간이 많아졌다며 좋아했다.

매일 창문을 열며 "손님 많이 오게 해주세요!"라며 기도하고, 마지막 음식이 나가면 "오늘도 감사합니다!" 하며 창문을 닫았던, 그 시간은 돈 주고도 살 수 없는 소중한 경험이었다. 좁은 공간에서 정성껏 조리한 음식을 맛있게 먹어준 세계 각국에서 온 손님들이 지금도 알로하 기운으로 가득하기를.

A'ohe hana nui ke alu 'ia.
함께 하면 이루지 못할 일은 없습니다.

🌺 ─────── 푸드 트럭이 밀집한 장소는 환경 특성상 파리와 야생 닭이 있습니다. 간혹 대형 달팽이가 보이는 경우가 있습니다만, 손으로 만지지 않는 것이 좋습니다.

모아나루아 가든에서 몽키팟 나무를

모아나루아 가든

하와이와 일본은 떼려야 뗄 수 없는 관계다. 세계사의 한 획을 그은 진주만 공격을 떠올리면 일본 입장에서는 분명 흑역사로 여겨질 수도 있겠지만, 지금의 하와이와 일본은 의외로 사이가 좋아 보인다. 일본인 최초의 하와이 이민은 1885년으로, 당시 944명의 일본인 노동자가 하와이에 도착했다(한국 이민은 1902년 12월 인천 제물포에서 121명이 승선해 출발했지만, 1903년 호놀룰루 항구 7번 선창에 86명만 내릴 수 있었다). 19세기 하와이 사탕수수밭 노동자로 시작된 이민의 역사가 현재 하와이 내 많은 일본계 미국인이 거주하고 있게 된 바탕이 된 건 분명해 보인다.

하와이는 다문화 주다. 그중 아시아인이 절반 가까이 차지하고, 또 그 중 절대적인 비중이 일본인이다(대부분 나라의 이민 역사는 사탕수수 시절 노동자로 오면서 시작되었다). 제2차 세계대전 이후 하와이에 거주하는 일본계 미국인들이 평화 교육에 앞장선 것도 하와이와 일본 사이 화해와 이해를 증진하는 데 한몫했다는 평이다. 거주하는 일본인도 많지만, 여행하는 일본인도 많아 동양 사람만 보면 다짜고짜 일어로 말하는데, 그때마다 큰 소리로 말한다. "아임 프롬 코리아!" 일본식 가게와 레스토랑도 많고 일본 여행사의 하와이 지점은 말도 못 할 정도. 게다가 일본 축제도 다양하다. 하와이 내 유명 인사 중에 일본인도 다분하고, 심지어 2017년 호놀룰루 국제공항에 '다니엘 K 이노우에 국제공항(Daniel K. Inouye International Airport)'이라는 명칭이 생겼는데, 이 사람 역시 일본계 미국인이다. 도대체 어떤 인물이기에 공항 공식 명칭에 이름을 붙이게 된 걸까. 제2차 세계대전 당시 미 육군 일본인 부대 일원으로 참여했다가 오른팔을 잃었고, 일본인 첫 연방 상원의원으로 1962년 당선, 이후로도 9번 연속으로 상원의원을 역임한 인물이라고 한다.

일본 여행자들이 오아후에서 꼭 찾는 곳이 바로 '모아나루아 가든(Moanalua Gardens)'이다. '몽키팟 나무'가 인상적인 장소다. 한 그루의 나무가 (조금 과장해) 격납고만큼 크고 넓다. 나이와 크기를 가늠하기 힘든 몽키팟 나무가 즐비해 있는데, 멀리서 보면 무성한 나뭇잎이 마치 산등성이처럼 보이는 착각을 일으키기도 한다. 일본 여행자들이

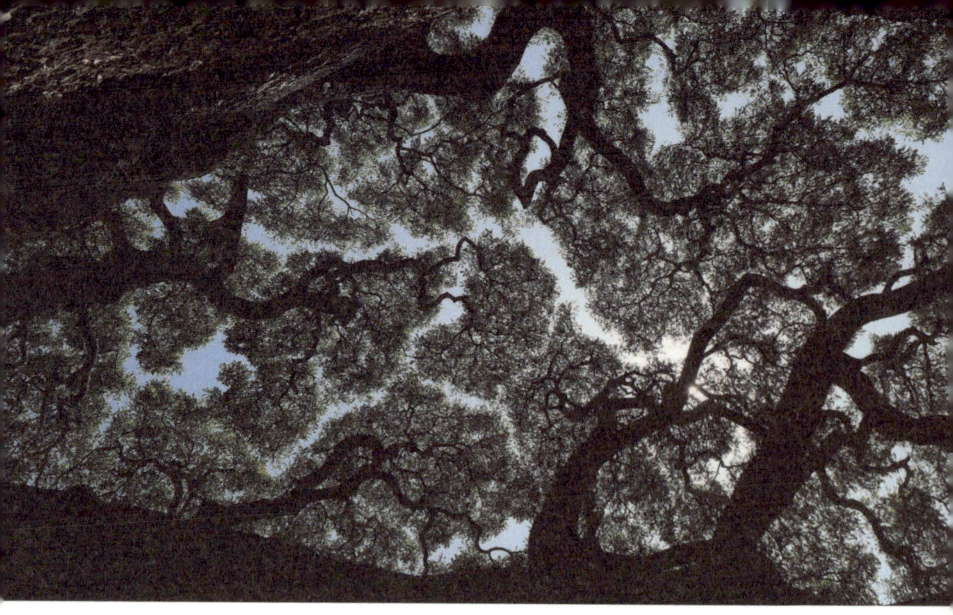

이곳을 꼭 찾는 이유는 바로 자국 광고에 있다. 일본 최대 기업인 히타치 그룹(HITACHI)에서 매년 수십억 원을 기부하면서 '히타치 나무'로 홍보하기 때문이다. 일본인들에게는 친숙한 나무인 것! 몽키팟 나무가 왜 히타치 나무? 라며 의아해하겠지만, 히타치 그룹 광고를 이곳에서 촬영했다. 그래서 일본인들에게는 '몽키팟'이라는 이름보다 '히타치 나무'로 더 알려졌다. 이 광고는 한국의 새우깡 CM송만큼 유명하다. 그 때문에 일본인은 이곳에서 스몰웨딩도 하고 웨딩 촬영도 한다.

코로나 이전에는 인당 입장료가 3달러였는데, 코로나 이후 10달러까지 인상되어 추천이 망설여진다. 개인적으로도 좋아하던 곳이었는데, 선뜻 10달러를 내고 들어가기가 꺼려지는 것도 사실. 그럼에도 불구하고 공원 입구에 서면 감탄 말고 할 수 있는 게 없다. 먼저 한숨을 깊게 들이쉰다. 그런 다음 축구장만큼 넓은 초록 대지 위 몽키팟 나무를 한 그루, 두 그루, 세 그루 하며 세어보다 포기한다. 천천히 걷다 보면, 뛰고 싶은 욕구가 생겨 '달려라 하니'처럼 속도를 붙여본다. 그렇게 나무 아래로 뛰어 들어가 걸음을 멈추면 나무가 품은 공간감에 다시 한번 더 놀란다. 한눈에 '이런 걸 두고 명품 나무라고 하는구나!' 하고 감탄하게 된다.

1898년 처음 공원을 설계한 스코틀랜드 원예 조경사는 이곳에 전 세계 나무와 식물을 심어 다문화 공원으로 만들 계획이었다. 전통 형태의 하와이 집을 짓고 일본식 정원과 찻집을 만들고 중국관을 만들었다(1900년경에 지어진 일본 찻집 부지는 현재 매표소 및 기념품 숍으로 사용되고 있다). 중남미가 고향인 몽키팟 나무는 대부분 150살이 넘었다. 나무 한 그루의 둘레가 7~8m라고 하니 굉장하지 않은가! 울창한 잎사귀와 짧지만 튼튼한 줄기로 이루어져 멋진 우산 모양을(과자 초코송이가 떠오르기도 하고) 한 나무가 주는 감동이 뭉클하다(하와이에서 가장 큰 몽키팟 나무는 1,200평에 달하는 캐노피를 형성한다).

아이들이 원 없이 뛰어놀아도 누구 하나 뭐라고 하지 않을 만큼, 누군가의 동선도 방해하지 않을 만큼 자유롭다. 공원만 돌아보고 나오는 건 아쉬운 일이라 피크닉 준비를 해서 나무 아래 잠시 자리를 폈다. 도시락 먹다가 커피도 마시고 책을 읽기도 한다. 그러다 나무 아래 누워서 흔들리는 잎 사이로 파란 하늘을 보며 콧노래도 흥얼거리고, 귀에 닿는 부드러운 바람을 자장가 삼아 낮잠을 청해보기도 한다. 꼭 피크닉 준비가 아니더라도 공원 곳곳에 고목 혹은 자연재해로 쓰러진 나무로 만든, 제2의 인생을 사는 나무 벤치와 테이블이 있어 쉬어가기 좋다. 몽키팟 나뭇잎은 질소를 품어내 나뭇잎 아래 닿아있는 잔디는 좀 더 푸르게 된다는데, 그 때문일까 저절로 충만해지는 듯하다.

30만 평이라는 드넓은 공간에 숨어 있는 노니나무, 야자수, 카메하메하 5세 별장 앞 연못에 노니는 오리, 물고기도 심플하지만 아름다운 이곳의 친구가 되어준다(카메하메하 5세로 즉위한 롯 카푸아이와Lot Kapuāiwa 왕자가 지은 여름 별장이 있다).

'모아나루아'는 뉴질랜드 마오리족에서 사용하던 말이라고 한다. '아름다움의 바다'라는 의미인데, 나무 한 그루 한 그루가 선사하는 그 곧고 평온한 아름다움이 바다의 파도처럼 물결을 일렁인다.

He kai nui ka ʻike ʻana i ka mea huna.
There is much knowledge to be gained from what is hidden.
숨겨진 곳에 깊은 지혜가 있습니다.

해피 알로하 프라이데이

카하나모쿠 비치

인파 속에서도 한국어는 귀에 쏙쏙 박혀 선명하게 들린다. 그날, 그 복잡한 상황에서도 한국 여행자의 푸념이 들려왔다.

"블로그에서 밤 8시에 한다고 했어. 조금만 기다리면 하지 않을까?"

"근데 사람들이 다 돌아가는 분위기 아냐?"

가족처럼 보이는 이들의 대화가 왜 이렇게 가슴 아프게 들려오는지 안타까울 따름이다.

2월 어느 금요일 밤이었다. 후배 윤주와 힐튼 하와이안 빌리지 내 트로픽스 바(Tropics Bar)에서 피자와 햄버거, 그리고 맥주를 주문했다. 그날도 분주하게 다녔던 터라 꽤 피곤한 몸이었지만 그래도 저녁은 먹어야 했고, 하필이면 금요일 밤이었다. 게다가 하와이가 두 번째인 윤주는 첫 번째 여행에서 불꽃놀이를 보지 못했다.

오아후의 금요일은 알로하 프라이데이(Aloha Friday)라고 한다. 그것도 해피 알로하 프라이데이(Happy Aloha Friday)라고 말이다. 국적을 막론하고 금요일은 기다리는 건 어쩔 수 없는 룰인가 보다. 이곳에도 폭주족이 있는데, 이 친구들도 금요일 밤이면 기다렸다는 듯 와이키키를 '빠라빠라빠라빰' 하고 출동한다(할리데이비슨 바이크 모임도 있는데 이들은

주로 주말 낮에 움직인다). '알로하' '프라이데이'가 가진 어휘 때문인지 얼핏 들어도 기분 좋은 표현이긴 하다. 사실 이 표현은 캠페인 캐치프레이즈였다는 사실. 하와이 직장인은 정장을 입지 않는다. 이들에게 정장의 개념은 알로하셔츠인데, 비즈니스 룩으로 알로하셔츠를 입자는 캠페인이 바로 '알로하 프라이데이'였던 셈. 업무 효율성과 하와이 패션 발전을 위해 캠페인을 벌인 결과 1966년 알로하 프라이데이가 공식 선언되고, 이는 곧 미국을 비롯한 세계로 뻗어갔다. 알로하 프라이데이는 곧 캐주얼 프라이데이가 된 것. 시작이 어찌 되었든 알로하셔츠는 알로하 프라이데이 덕분에 하와이 주요 패션 산업 중 손꼽히는 시장이 되었다. 여행자들도 너나 할 것 없이 이 셔츠 하나쯤은 사 입으니 말이다(우리 집에도 서너 벌은 있다).

알로하 프라이데이, 여기 '파이어 워크'라는 단어를 더 붙인다. '알로하 프라이데이 파이어 워크(Aloha Friday with Fireworks)'로 매주 금요일 밤 와이키키에서 열리는 불꽃놀이를 일컫는 표현이다. 영화, 공연 아니고선 특별한 문화생활이 없는 섬나라 사람들의 일상에 작은 쉼표가 되어주는 불꽃놀이인데, 물론 처음에는 여행객들을 위해 열린 행사였지만, 누가 여행객이고 누가 로컬인 게 무슨 상관인가! 다 같이 알로하 프라이데이를 즐기는 마당에 말이다.

무료로 진행되는 불꽃놀이인데 성대하다고 하지만, 한국 여행자들이 보기에 마냥 아쉬울 수도 있다(한국에서 큰 규모의 불꽃놀이 행사가 많으니까). 하지만 여행지에서 열리는, 그것도 천국이라 불리는 하와이에서 불꽃놀이라니! 상상만으로도 로맨틱하지 아니한가! 딱 4분간 열리는 불꽃놀이를 두고 와이키키 비치에서 만난 한 어머니가 "4분밖에 안 한대요. 너무 시시하지 않아요?"라고 말한 적이 있는데 "어머니, 그래도 매주 이렇게 여행객을 위해 불꽃놀이를 여는 게 감사하지 않나요? 1988년부터 무료로 해오는 행사거든요!"라고 덧붙였다.

화약 한 발에 적지 않은 비용이 들어간다고 들었다. 그걸 30년이 넘도록, 한주도 빠짐없이 한다는 게 과연 쉬운 일일까? (날씨 변수가 있을 때는 취소되기도 한다). 힐튼 하와이안 빌리지 호텔은 당시 1억 달러 규모의 'Return to Paradise' 마스터 플랜을 성공했고, 이를 기념하기 위해 형형색색의 폭죽을 하늘 위에 쏘아 올렸다. 수년에 걸쳐 이어진 전통 행사가 되었고, 금요일 밤이면 여행자, 주민 할 것 없이 사람들을 불러 세운다.

아무튼, 중요한 건 불꽃놀이가 시즌마다 시간이 변경된다는 사실이다. 모든 여행자는 내가 본 것을 위주로 생각하기 마련. 2월에 만났던 가족 여행자들이 어느 블로그 글에서 본 건 여름 시즌 시간이었다. 6월부터 9월까지는 오후 8시, 그 외 기간은 오후 7시 45분에 불꽃놀이가 시작된다는 걸 몰랐던 것이다. 불꽃놀이를 기대하고 온 그 가족들에게 차마 "불꽃놀이 끝났어요!"라는 말이 나오지 않아, "2월은 7시 45분이에요"라고 알려드렸다. 모래알이 손가락 사이로 빠져나가듯, 인파가 우수수 떠나는 모습 위로 허탈해하는 남편과 당황스러워하는 아내의 모습이 불꽃보다 더 오래 기억에 남는다.

Whether a visitor or kama'aina (resident), the beauty of the
Hawaiian Islands inspires the heart and mind.
여행자든 주민이든, 하와이섬의 아름다움은 모두의 가슴과 마음에 영감을 줍니다.

🌺 ———————— 매주 금요일 저녁 열리는 불꽃놀이는 힐튼 하와이안 빌리지 앞에 위치한 카하나모쿠 비치(Kahanamoku Beach)에서 열립니다. 와이키키 비치 중 쉐라톤 와이키키 호텔-쿠히오 비치에서는 불꽃놀이를 볼 수 없으니 최소한 '아웃리거 리프 와이키키 비치 리조트' 앞 비치까지는 이동해서 관람하는 게 좋습니다.

버락 오바마가 사랑한 곳, 카일루아

카일루아 비치와 칼라파와이 마켓

　오아후 동쪽에 있는 카일루아(Kailua)는 주택들이 옹기종기 모여 있는 마을이다. 하와이에서는 주택에 살면 대부분 부자라고 말하는데, 이곳도 부자 동네에서 빠질 수 없는 마을이다. 언젠가 만난 현지인이 우스갯소리로 "'카(Ka)'가 들어가면 부자 동네라고 알면 돼!"라고 알려주기도 했는데 카일루아도 '카'가 들어간다. 높은 건물이라곤 찾아볼 수 없어 눈이 더 맑아지기도 한다. 쉽게 넘볼 수 없는 주택이지만, 입구를 구경하며 지나가는 재미도 있다. 특히 이 동네 우편함은 개성이 넘치는데, 하와이를 말해주는 다양한 이미지(플루메리아, 거북이, 서프보드 등)로 우편함을 장식해 두었다. 우체부가 우편물을 넣어 둘 때도 재미있을 것 같다는 생각이 든다. 전미 대통령 버락 오바마가 사랑한 카일루아 비치(Kailua Beach)도 특유의 여유로움이 넘치는데, 카이트서핑(패러글라이딩과 서핑을 합쳐둔 액티비티)에 나선 로컬을 넋 놓고 바라보다 보면 마치 내가 타는 것처럼 몸을 앞으로 뒤로 움직이다, 중심을 잘 잡고 가면 환호를 외치고 바다로 넘어질 때 탄성을 지르다 보면 시간이 어떻게 가는지 모른다. 카약을 타고 바다 가운데 있는 모쿨루아(Mokulua) 섬까지도 다녀올 수 있는데, 카약을 혼자 탈 자신이 없어서

아직 한 번도 해보진 못했다.

평화롭기 그지없는 이 마을에는 아주 오래된 마트 하나가 있다. 칼라파와이 마켓(Kalapawai Market)은 카일루아 비치로 가기 위해 반드시 들러야 하는 마켓이자 현지인에게는 오랜 사랑방 같은 장소다. 마트 앞 회전교차로에 진입하면 절로 시선을 빼앗기게 되는 장소라 지나치기 어려운데, 빈티지스러운 초록색 외벽이 이 동네와 잘 어울리지 않는 것 같다가도 또 괜찮은 것 같고 매장 앞 펄럭이는 미국 국기와 하와이 주기가 뭔가 관공서 같은 느낌이 들기도 한다. 1932년 시작된 이 매장은 가족이 운영하는 작은 마켓이다. 마을 내 대형마트에 비해 초라할 수 있지만, 그들만의 단단함이 확고하게 느껴지는 장소다.

클래식함이 여전히 머물러 있는 마트 천장은 서프보드로 장식되어 있는데, 얼핏 보면 시골 폐건물을 장사할 수 있을 만큼 적당히 고친 후 영업하는 것 같다. 하와이라는 지역적 특성에 맞게 서프보드로 교묘하게 가려둔 셈이다. 이곳은 서프보드가 차고 넘치는 곳 아닌가! 천장의 서프보드와 더불어 마트 벽에 붙여진 곳곳의 사진과 그림이 부자연스럽기도 하지만, 이렇게 조화를 만들어 가는 것이 이곳만의 색으로 느껴진다. 마트 내 아기자기한 진열대를 지나면 델리 코너가 있는데, 부자 동네이지만 가격만은 참 착하다. 조식으로 5~6달러면 토스트 하나 먹을 수 있고, 샌드위치도 9달러면 살 수 있다. 주문하면 바로 만들어 주는 방식이라 신선하기까지 한데, 맛도 좋다. 예전에 카일루아 비치에서 만난 잭이 "비치 입구에 있는 칼라파와이 마켓 알아?"라고 물어본 적이 있다. 자신의 출근길 아침을 30년 동안 책임져 주던 곳이라며,

이 동네에 없어서는 안 될 보물이라고 설명했다. 그 기억에 샌드위치를 주문해 먹어본 적이 있는데, 기교는 없지만 엄마가 집에서 만들어준 것 같은 편안하고 건강한 맛이었다. 생각해 보니 마트에서 기성품의 먹거리가 아닌 직접 만든 샌드위치와 홈메이드 샐러드를 만날 수 있다는 것이 출근길 집밥 같은 포근한 위로가 되어준 것이 아닐까 하는 생각이 들었다. 카일루아 마켓 매장 외에도 카일루아 타운, 카폴레이, 와이마날로에 카페 & 델리 매장을 열었는데, 90년 넘게 지속된 힘인지, 맛의 힘인지 금세 입소문이 나 손님으로 북적인다.

오아후에는 이렇게 오랜 시간, 가족이 함께 대를 이어 영업하는 곳이 많다. 마츠모토 쉐이브 아이스(Matsumoto Shave Ice), 헬레나 하와이안 푸드(Helena's Hawaiian Food), 세키야 레스토랑 델리(Sekiya's Restaurant Deli), 포티 나이너(Forty Niner) 등. 할아버지가 시작해 아버

지가 이어받고 아버지는 또 아들에게 물려준다. 대를 이어가며 서핑, 아웃트리거 카누, 훌라 등 전통문화를 가르치는 강사도 있다.

하와이안들은 가족을 소중히 하는 문화를 가졌다. 하와이어로 가족은 오하나(Ohana)인데, 이 단어는 식물 토란을 의미하는 단어 오하(Oha)에서 파생되었다. 모든 것은 한 뿌리에서 나왔다는 걸 의미한다. 알로하와 함께 하와이 삶의 방식을 이끄는 또 하나의 핵심 가치 오하나가 살아 있는 순간을 만나는 것은 어렵지 않다. 대를 이어 오는 것, 한결같은 마음과 정성이 담긴 시간을 이어오며 과거와 현재를 잇는 그 마켓은 어쩌면 카일루아의 산증인이자, 자부심이 아닐까.

카일루아 비치는 현지인들도 즐겨 찾는 비치 중 하나랍니다. 주말 일정보다 주중에 방문하는 걸 추천드립니다. 주차장이 넓은 곳이지만 만차일 경우, Kailua Beach Boat Ramp 주차장이 있으니 방문 시 참고하세요.

오키드 레스토랑에서 찾은 품위

오키드 레스토랑

뚝뚝 떨어지는 빗방울이 어느새 쏴-아 쏴-아 쏟아졌다. 이 정도 비는 아무렇지도 않다며 걸었지만, 점점 굵어지는 빗줄기에 걸음을 서둘렀다. 조용하고 차분한 분위기에서 호텔 조식을 먹겠다고 할레쿨라니(Halekulani) 호텔 내 '오키드(Orchids) 레스토랑'을 예약해 둔 터였다.

오아후는 호텔 레스토랑도 좋지만, 지천에 조식이며 브런치를 즐길 수 있는 카페, 음식점이 많아 굳이 조식을 호텔 뷔페에서 즐기는 이는 드물다. 그날은 예외였다. 내가 호놀룰루에 머무는 기간에 맞춰 캐나다에 사는 지인이 한걸음에 달려왔기 때문이다. 전날 밤, 늦은 시간에 호놀룰루에 도착한 터라 피곤했을 테지만, 그도 나도 오랜만에 함께하는 식사에 들떴다.

오키드는 오션프런트 레스토랑이다. 오픈 공간으로 꾸며져 있고, 바다 쪽 정원으로 테이블이 마련되어 있다. 화창하고 맑은 하와이를 제대로 느끼고 싶어 야외 테이블에 앉아 식사하는 장면을 꿈꾸며 한 예약인데 비바람이 도와주지 않는다. 주문한 후에도 빗줄기는 잦아들지 않았다. 바람까지 더해져 소리는 더 거세졌다.

야외 테이블은 루프 시스템 어닝으로 설치되었다. 어닝 앞쪽으로 비

가림막 역할을 하는 장막이 블라인드 형식으로 설치되었다. 장막은 한 눈에 봐도 꽤 두꺼운 소재였는데, 바람까지 막아준다. 우리가 안내받은 좌석은 야외 테이블 2열의 자리였다. 이미 첫 번째 열에 앉아 종이 신문이나 책을 읽으며 식사를 즐기는 노부부의 모습이 보였다.

비바람이 거세지는 탓에 장막이 금세 내려졌다. 흰색 정장 차림의 웨이터들은 테이블마다 음식과 차를 서빙하느라 정신이 없었고, 그 장막을 일일이 재빠르게 내린 건 검은색 정장을 차려입은 레스토랑 매니저였다. 매니저는 장막을 내리고, 아래로 내린 장막이 바람에 날리지 않도록 모래주머니 같은 걸로 고정한 후, 테이블 아래 튄 빗물을 닦았다.

그러면서 혹시 앞쪽에 앉은 손님이 불편하진 않을지 일일이 챙겼다. 거기 누구 하나 손을 보태는 웨이터는 없었다. 그 일을 묵묵히 하는 건 매니저 하나뿐이었다.

주문한 음식에 앞서 커피가 먼저 서빙되고 이후 에그 베네딕트와 프렌치토스트가 나왔다. 커피를 마시면서 청명한 하늘과 바람을 느끼는 게 목적이었지만, 이미 내려온 장막으로 시야는 회색빛이었다. 그 회색빛 장막을 보느니 여유로운 풍경을 마주하는 게 나을 것 같아 의자 위치를 우측 편으로 15도 정도 돌렸다. 야외가 아닌 레스토랑 공간을 좀 더 볼 수 있게끔 조절한 것이다. 하얀색 테이블보 위로 노란색 난초들이 고고하게 장식되어 있다. 5~6곳의 테이블에 손님이 식사 중이었는데, 누구 하나 휴대폰을 들고 있는 사람은 없다. 물론 지인과 나도 밀린 이야기를 하느라 휴대폰을 손에 들지 않았지만, 평소와 사뭇 다른 풍경이었다.

사실, 그날 내 기억에 남아있는 장면은 음식 맛보다, 분위기보다, 비바람과 고군분투하며 고객 관리하던 매니저의 모습이다. 궂은일을 하면서도 고객 앞에서는 항상 밝았다. 그런 모습 때문일까, 1열 테이블에 앉았던 손님 누구 하나도 불평 불만하지 않았다. 자리를 바꿔 달라고 요청하는 이도 없었다. 비가 내리나 바람이 부나 별 상관없다는 듯한 자세였다. 그들도 모처럼 즐기는 여행이자 휴가일 텐데, 날씨에 개의치 않는 모습을 보였다. 오히려 더 느긋하게 신문을 읽었고, 더 천천히 차를 음미하는 것처럼 보였다.

기계적인 상냥함보다 자연스럽고 군더더기 없이 그날, 그 날씨에 가장 우선시되는 일을 척척 처리했던 매니저의 묵묵함이 나로 하여금 다시 오키드를 찾고 싶게 만들었다. '최고의 맛집' 다수의 어워드 '수상 경력' '신선한 로컬 재료' 같은 평가도 레스토랑 기준의 잣대 중 하나가 되겠지만, 결국 모든 서비스는 사람에서 시작된다. 오키드가 오아후 내 다이닝 매장으로 손꼽히는 건, 그날 그 매니저의 몸짓에서 느껴진 사람을 향한 자연스러우면서도 기품 있는 우아함이 최고의 서비스이기 때문 아닐까.

Pali ke kua, mahina ke alo

A back straight as a precipice, a front round as the moon

뒤는 절벽처럼 곧게, 앞은 달처럼 부드럽게.

🌺 ——————— 인기 레스토랑 및 맛집 방문할 때는 예약 추천합니다. '오픈 테이블'이라는 앱을 활용하면 레스토랑 예약 및 취소를 편리하게 할 수 있습니다. 웨이팅이 싫다면 식사 시간을 살짝 피해 방문하는 걸 권유합니다. 일부 레스토랑은 '해피 아워'를 운영 중입니다. 이 시간에는 맥주 및 칵테일, 음식을 할인된 가격으로 즐길 수 있습니다

와이키키의 아침이 선물하는 순간들

와이키키 비치

일상에서 루틴은 정해져 있다. 대부분 비슷한 시간에 일어나 집을 치우고 영어 공부를 하고 글을 쓴다. 프리랜서이지만 금요일 밤이면 이유 없이 신이 나고, 일요일 저녁이면 월요일 아침 출근하는 것도 아닌데, 월요병이 생기는 것마냥 우울해진다. '프리랜서에게 무슨 그런 일!'인 것 같지만 실제로 그렇다. 중간중간 손에서 휴대폰을 놓지 못하는 순간도 있는데, 참 신기한 건 하와이에서만큼은 변한다는 사실이다.

여기까지 와서 늦잠(늦잠 좀 잔다고 아무도 뭐라고 하는 사람이 없는데)은 허용할 수 없다. 이렇게 좋은데 하와이에서 굳이 잠을 더 자는 게 무슨 의미이지 싶다. 하와이에서도 대부분 루틴은 정해져 있는데 매일 오전 6~7시면 눈을 뜨고 밤 10~11시에 잠이 든다. 오아후의 새벽은 낮처럼 활기차다. 와이키키, 사무실이 밀집한 다운타운만 가도 새벽녘부터 문을 여는 카페나 음식점이 허다하다. 힐튼 하와이안 빌리지 내부에 스타벅스가 두 곳인데, 그중 한 곳은 새벽 5시에 오픈한다. 물론 폐점 시간도 오후 4시로, 한국인 기준으로 꽤 빠르다. 진주만으로 출근하는 지인 아들은 내가 숙소에서 눈을 뜨는 시간 이미 회사에 도착해 하루 업무를 시작한다. 참 부지런한 사람들이다.

일어나면 창밖으로 날씨를 확인한다. 침대에 누워 10분 정도 휴대폰으로 밀린 메시지에 답변하고 나면 슬슬 움직일 준비를 한다. 요가로 가볍게 몸을 풀기도 하지만, 대부분 필드로 나선다. 만만한 게 와이키키다. 와이키키의 새벽은 조깅하는 사람, 청소하는 사람, 출근 전 서핑을 하러 나온 로컬, 음식점에 물건을 배달하는 이들로 조용하지만 또 분주하다. 시차에 적응 못한 여행자들이 해변을 배회하기도 한다. 낮과는 다른 색의 활기가 잠들었던 도시를 깨운다.

정해진 목적지 없이 길을 따라 걷다 보면, 이른 아침 이불을 박차고 나오기를 잘했다는 생각이 든다. 와이키키는 이른 새벽에 소나기가 한번 지나간다. 비는 가볍게 대지를 적셔주는데, 그럴 때면 어김없이 무지개가 나타난다. 비치 앞에서 슬쩍 나온 무지개 실루엣을 보고 하얏트 리젠시 호텔(Hyatt Regency) 2층으로 올라갔더니 더 선명하게 길어진 무지개가 '잘 왔어'라고 반겨주는 듯 방긋 웃어주는 모습이 그리 반가울 수가 없다. 모아나 서프라이더 호텔(Moana Surfrider)로 들어가 와이키키 비치 모래를 밟으려 신발을 벗는다. 볕이 뜨거워지기 전이라 모래가 촉촉하다. 핑크 호텔로 알려진 로얄 하와이안 호텔(The Royal Hawaiian) 정원으로 걸음을 옮겨 잘 다듬어진 잔디 위를 잠시 천천히 걷는다. 정원 앞쪽에 있는 베이커리에서 갓구운 페이스트리 냄새가 유혹한다. 고소함으로 잔뜩 부풀어 오른 빵 맛을 누가 이길 수 있단 말인가. 결국 바나나 마카다미아 넛 머핀 하나와 커피 한잔을 손에 들었다. 짹짹짹 지저귀는 새소리에 마음이 절로 부드러워진다(와이키키 비치 1열에 위치한 호텔은 비치 쪽으로 출구가 연결되어 있어 비 투숙객이라도 자유롭게 이용할 수 있다). 흔들의자에 앉아 가볍게 배를 채운다.

쉐라톤 와이키키 호텔(Sheraton Waikiki)은 인피니티풀이 인기인데, 아침이라 그런지 한산하다. 수영장보다 조식당이 더 붐빈다. 호텔 앞 비치로 걸음을 옮기니 호텔 가드 세 명이 모래사장 앞을 지키는 게 아

닌가. 아침부터 무슨 일인가 보니 아기 몽크씰이 쉬는 중이다. 적당한 거리를 두고 가만히 관찰하다 가드에게 "저 정도 크기면 몇 살 정도 되는 거야?"라고 물어보니 "아직 아이야"라고 알려준다. 몽크씰 출현에 반가운 여행자들의 호들갑 때문에 잠에서 깼는지 눈을 떠 이리저리 상황을 파악하던 녀석이 안전한 걸 확인하고 다시 눈을 감는다.

포트 드루시 비치 공원(Fort DeRussy Beach Park) 쪽으로 오니 반려견과 함께 산책 겸 운동 삼아 나온 현지인이 많다. 여기저기 냄새를 맡으며 신나게 뛰어다니는 반려견의 귀여운 모습과 주체할 수 없는 기운이 보는 이에게도 활력을 준다.

누군가에게는 일상의 풍경이겠지만, 여행자에게는 일탈의 설렘이 와이키키 이곳저곳에 묻어 있다. 휴대폰 따위 던져두고 모자 하나 푹 눌러쓰고 나왔을 뿐인데, 기대하지 않았던 풍경을 만났다. 아침에 일찍 일어난 나에게 자연이 선물을 건넨다. 상쾌한 아침 공기가 마음의 활기를 더한다.

Kahuna Nui Hale Kealoha lani Makua
Love all you see, including yourself.
자신을 포함한 모든 것을 사랑하세요.

와이키키에 프라이빗 비치가 있다고?

쿠히오 비치

오아후 바다를 따라 걷다 보면, 이런 생각이 문득 든다. 좋은 나무는 한눈에 봐도 그 수려함을 알아본다는데, 좋은 바다도 그렇지 않을까 하고 말이다.

와이키키 비치는 이른 새벽부터 서퍼로 붐빈다. 금요일이나 주말이 되면, 이미 와이키키 바다는 만석이다. 노란색과 분홍색 세일링 요트가 두둥실 손님을 태우고 길을 나선다. 카약으로 운동을 하는 이들도 있고, 저 멀리 하늘에는 패러세일링을 하며 와이키키 공중을 둥둥 떠다니는 이들도 보인다. 그 뒤로는 호놀룰루항을 출발한 화물선이 천천히 지난다. 바다 위에 서로 다른 시간이 수놓아지고 있다. 파도는 흰 포말을 그리며 부서지고, 다시 오가기를 반복한다. 모래사장은 이른 아침부터 파라솔 하나쯤은 펴야 하는데, 아무렇지 않게 누워 있는 외국 사람들을 보면 가끔 부럽기도 하다. 라나이(베란다)에 앉아 가만히 바라보는 것만으로도 좋지만, '비치에 들어가면 더 좋을까?' 하고 고민해 본다. 하늘의 색은 시시때때로 변한다. 동이 틀 무렵 구름이 한가득하더니 어느새 말개져 바다와 하늘의 경계가 모호해지기 시작했다. 섬의 날씨는 변덕스럽다고 하는데, 이 정도 변덕은 축에도 못 들겠다 싶다.

가끔 하와이 여행 다녀온 이들이 '프라이빗 비치' '○○ 호텔 전용 비치'라는 표현을 아무렇지 않게 쓰는 경우가 있다. 하와이 자연은 특정인을 위한 것이 될 수 없는데 말이다. 호텔 앞에 있으니 호텔 이름을 붙이지만, 투숙객들만 사용할 수 있는 것은 아니다. 자연에 주인이 어디 있단 말인가! 하와이의 비치는 누구의 것이 아니라 모두의 것이다.

2020년 코올리나에 있는 라군 4곳 중 1~3번 세 곳에 대한 접근 권한이 이슈가 된 적이 있다. 코올리나 리조트 측은 라군에 대한 접근을 호텔 투숙객과 콘도 소유주에게 국한하겠다고 했다. 하지만 1993년 하와이주 대법원이 판결한 대중의 해변 접근 권한에 따르면 해변 출입을 통제하는 것은 명백한 위법이다. 하와이 법에는 비치의 공공 접근은 주민과 여행객, 모두가 공유하는 권리라고 명시되었다. 하와이의 해변은 소유권과 관계없는 지역의 공공 자원이라는 것(Chapter 205A, Hawaii Revised Statutes, HRS).

점심쯤 라나이를 박차고 나와 쿠히오 비치(Kuhio Beach)로 나섰다.
물은 투명할 만큼 맑고 파도는 잔잔하다. 사람들은 물 위에서 각자의
시간에 충실하다. 그러다 비치에서 에어로빅인지 춤인지 모를 동작을
하고 있는 한 여인을 보았다. 아이팟도 없이 춤을 추다니 대단하다 싶
었는데, 알고 보니 손에 무선 스피커를 들었다. 그러고선 바다 위에 자

신만의 클럽을 만들었다. 비치를 활보하며 춤을 추는 그녀를 향해 그 누구도 뭐라 하지 않는다. 자신만의 소울과 흥으로 충만한 그녀를 바라보다 눈이 마주쳤는데, 카메라를 들고 있는 날 향해 손가락으로 '브이'를 그렸다. 한 곡의 노래가 끝나길 기다렸다가 이름을 물었다. "루루"라고 말한 그녀는 내게 (어김없이) "일본에서 왔어?"라고 했다. "한국에서 왔어" 하니 자기 딸이 요즘 넷플릭스 한국 프로그램에 빠졌다며 연애 프로그램이라고 설명하는데, 그런 프로가 한둘이 아니라 예측할 수 없었다. 누군가의 시선에 아랑곳하지 않고 자유로이 바다를 즐기는 루루 씨의 용기가 내게 할당된 하루의 행복을 더해줬다.

하와이 여행을 하며 좋았던 점 중 하나는 '공유'이다. 한국에서는 비투숙객이 호텔에 들어가 살펴보는 게 몸을 쭈뼛거리게 하는 일이라면, 이곳은 누가 아무도 뭐라 하지도, 눈치 주지도 않는다는 사실이다. 좋은 호텔에서 바라보는 뷰, 공원, 자연 등 공공시설은 누구라도 함께 즐길 수 있다. 이토록 멋진 자연을 차별 없이 누릴 수 있다는 건 모두에게 축복 아닌가.

루루 씨가 공유해 준 흥겨움과 행복이 '좋은 바다가 무엇일까?' 하고 고민하던 내게 답 하나를 던졌다. 스스로도 행복하지만, 누군가를 행복하게 한다는 것. 와이키키의 비치에서 모두 행복한 순간을 맞이하길.

Noho me ka hauʻoli.

Be happy.

행복하게 살아가세요.

독립 기념일에 열리는 불꽃놀이

알라모아나 비치파크

동네 친구이자 동료 작가인 아미와 오아후 여행을 계획했다. 딩크족으로 살면서 비슷한 일을 하는 우리의 여행은 늘 진취적이다. 항공권을 끊고 숙소 예약까지 거침없이 끝냈다. 가만히 날짜를 보니 일정 중에 미국 독립 기념일이 있는 게 아닌가. 하와이는 미국의 50개 주 중 한 곳이다 보니, 독립 기념일은 이곳에서도 큰 공휴일이다. 1776년 7월 4일 독립선언문을 채택한 기념일인데, 통상적으로 'Fourth of July'라고 부른다. 대부분 미국인은 이 시즌에 가족여행을 하는 경우가 많다. 각 도시에서는 기념 퍼레이드, 성대한 불꽃놀이가 열린다. 미국 전역에서 열리는 대규모 경축 행사인 셈.

일전에 우버 기사가 로컬들이 기다리는 양대 불꽃놀이가 있는데, 그 중 하나가 독립 기념일 불꽃놀이라고 했다(3월 열리는 호놀룰루 페스티벌 마지막 날 하는 '나가오카 파이어워크'가 또 하나의 불꽃놀이이다). 도대체 어느 정도의 불꽃놀이 레벨인가 하고 궁금했는데, 여행 중 약속이나 한 듯 만나게 된 것 아닌가.

불꽃놀이가 열리는 알라모아나 비치파크(Ala Moana Regional Park)에 서둘러 갔다. 알라모아나 비치파크는 오아후 내 가장 큰 면적을 가진

비치파크다. 불꽃놀이는 오후 8시에 시작되지만, 이른 아침부터 자리를 펴고 즐기는 현지인들 덕분에 공원은 이미 시끌벅적 요란하다. 축제의 주인공이 미국인이라는 게 분명해 보인다. 지역 내 라디오, 방송국 관계자들도 오아후섬의 독립 기념일 행사를 담기 위해 분주했다. 해 질 무렵 도착해서 공원 내 적당한 자리를 찾으러 틈새를 걸었다. 그러던 중 아미가 주변을 살피며 신기해했다. 한국의 축제 현장을 가면 대부분 음식점 차량이나 식당 부스가 대부분인데, 여기는 그렇지 않다는 것. 공원에 음식 장사를 하는 사람은 정말이지 단 한 명도, 단 한 곳도 없었다. 로컬들은 공휴일인 탓에 종일 이곳에서 먹고 즐기는 모양새이다. 어느 텐트에서 BBQ를 하는지 냄새가 솔솔 공원을 풍기는 바람에 저녁을 먹었음에도 군침이 돌았다.

아미의 뛰어난 관찰력에 놀라며, 비치 앞쪽에 자리를 잡았다. 아이들의 물놀이는 시간과 관계가 없는 듯, 땅거미가 내리기 시작했지만 분위기는 여전히 한낮이다. 우리와 비슷한 처지의 여행객도 삼삼오오 모여 있다. 돗자리나 의자 같은 것 하나 없이 그냥 몸만 덜렁하고 온 것. 누가 봐도 '여행자'라고 적혀있는 걸까? 신문사 기자가 사진을 요청했다. 미국 독립 기념일을 즐기는 동서양의 외국인 같은 콘셉트인 듯했다. 8시를 몇 초 남겨둔 시간, 공원 내 사람들이 카운트다운을 하기 시작했다. 어느 지점에서 터지는지 몰랐던 터라 하늘을 보며 두리번거리는 것도 잠시, 쉴 새 없이 화려한 폭죽이 폭격기처럼 터지기 시작했다. 아니 쏟아붓는다는 표현이 더 어울렸다. 10여 분 넘는 시간 동안 폭죽은 펑펑 터지며 미국의 독립을 자축했고, 그 순간은 여행자에게도 잊지 못할 장면으로 남았다. 며칠 뒤 인터넷에서 아미와 내가 찍힌 사진을 찾으며 "미국 독립 기념일 덕분에 하와이 신문에도 나왔네!" 하고 한참 바라봤다.

코로나 후 알라모아나 비치파크에서는 더 이상 독립 기념일 불꽃놀이를 진행하지 않고 있다. 이유는 정확하진 않지만, 그동안 후원을 하던 쇼핑센터에서 더 이상 후원금을 내지 않는다는 소문만 있다. 예전처럼 와이키키 인근, 알라모아나 비치에서는 불꽃놀이를 볼 수 없게 되었지만, 대신 카일루아, 할레이바 등 다른 지역에서는 여전히 퍼레이드와 함께 진행된다(지역 내 기업이나 단체에서 후원금을 내는 형식으로 이뤄진다).

독립 기념일을 단순히 공휴일이라 생각하며 휴식을 취하는 게 아니라 다 함께 밖으로 나와 서로를 축하하며 즐기는 모습, 비치 체어를 들고 퍼레이드 동선 내에 앉아 낯선 이들과도 하나 되어 즐거움을 나누는 모습은 성조기 푸른 사각형 안에 새겨진 흰색 별처럼 빛났다.

For to be free is not merely to cast off one's chains,
but to live in a way that respects and enhances the freedom of others.
- Nelson Mandela
자유란 단순히 자신을 속박에서 풀어내는 것이 아니라,
다른 이들의 자유를 존중하고 더해가는 방식으로 살아가는 것입니다.
- 넬슨 만델라

여행 기간 내 축제, 기념일 등의 행사가 있다면 한 번은 꼭 참석해보는 걸 추천합니다. 퍼레이드 일정이 포함된 축제라면 숙소에서 비치 타올 한 장 챙겨 동선 내 자리 잡아 보세요. 잠시라도 로컬 문화를 즐겨볼 수 있습니다.

하와이에 뿌리내린 한국인 농장주 할머니

"며칠 뒤 손님이 있어서 용과 농장에 가는 데 같이 가볼텨?"

지인이 제안했다. 특별한 약속도 없었고, 오아후에서 농장이라니! 궁금증과 호기심이 동시에 발동했다. 약속 당일 오아후 서쪽으로 향했다. 지인은 이동하는 중에 농장에 대한 비하인드 스토리를 들려줬다. '한국인' '용과, 대파 농장' 두 키워드로 정리되는 곳이다.

오아후 서쪽 코올리나(Ko Olina), 포카이 비치(Pokai Beach)를 지나 '와이아나에(Waianae)' 지역에 도착했다. 농장에 대해 이렇다 할 정보가 없었기에 이동 중 마주한 낯선 풍경 앞에서 '이 길이 맞는 거야? 길이 있긴 한 걸까?' 하는 생각이 들었지만, 지인은 그 길로 한참을 달렸다. 들어가면 갈수록 마을과 집은 점점 사라지기 시작했고, 자동차 타이어가 지나가는 자리마다 흙먼지가 솔솔 번졌다. 그리고 와이아나에 마운틴과 더 가까워졌다. 도착한 곳은 정말 주변에 아무것도 없는 '농장' 그 자체였다. 잘 고른 밭, 노니, 파파야, 아보카도, 망고나무 등이 늘어선 길을 따라 들어가니 개 두 마리가 반갑다는 듯 꼬리를 흔들며 나왔다.

농막 같은 하와이 스타일 천막 아래에는 부엌, 식탁, 쉴 수 있는 자리가 마련되었다. 농장주는 이곳을 '기지'라고 불렀다. 곳곳에는 가족

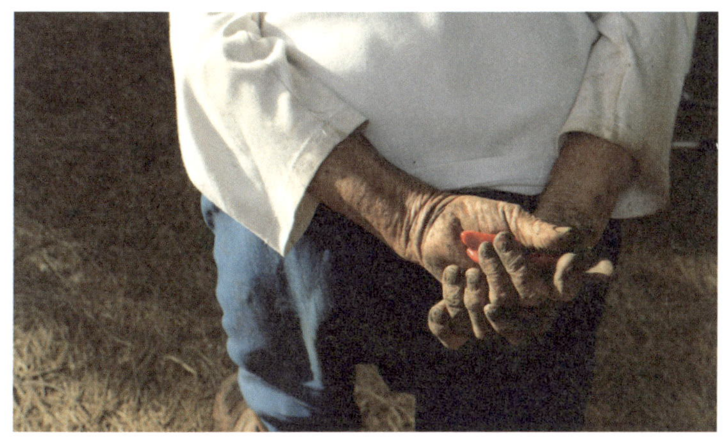

사진도 진열되었다. 바쁜 시간을 피해 찾았던 터라 인부들은 퇴근한 후였고, 농장 주인인 할머니와 따님이 맞이했다. 백발의 할머니는 한쪽에 몸을 뉠 수 있는 침대를 만들어 두고 쉬고 계셨다. 밭일하다가 고단해서 쉬는 중이었다며 몸을 일으키려 했지만, 그냥 편히 누워 계시라며 말렸다. 농장에서 일한다는 걸 숨길 수 없는지 햇볕에 그을린 건 얼굴뿐만 아니었다. 얼굴, 팔, 다리 할 것 없이 아메리카노의 색처럼 짙은 갈색으로 태닝되었다. 양말을 벗고 있었는데 발은 뽀얗다. 태닝된 살결 위로 나이를 가늠하게 하는 주름이 겹겹이 새겨져 있지만, 기운만큼은 젊은이 못지않다. 귀가 잘 들리지 않아 큰 소리로 이야기해 드려야 했는데, 직접 말씀하실 때는 기운이 펄펄했다.

곁에서 함께하는 따님이 실질적인 주인처럼 보였다. 화장기 하나 없는 얼굴에 청바지와 반소매 셔츠를 입고 괜찮다고 해도 기어코 밥상을 내어주었다. 밥상을 차리면서도 할머니의 이야기에 귀를 열고 있는 모양이다. 한국인의 '정'이라고 뭐든 내어주고 싶은 마음인지 식탁 위로 계속해서 무언가 올라왔다. 김치도 종류별로 놓였고 찌개, 참치 등 장르를 가리지 않았다. 나물도 여럿 있었는데, 농장에서 직접 재배하는 것이라고 했다. 몇 분 만에 뚝딱 차려졌다고 믿기 힘든 밥상이 펼쳐졌다.

농장은 오아후 내에서 질 좋은 대파와 용과를 만날 수 있는 곳이다. 오아후 내 여러 마트에서 물건을 받기 위해 찾는다고 한다. 오아후 내에서 재배되는 대파를 구하는 건 쉽지 않은데, 이곳에서는 귀한 대파가 흔하게 자라고 있다(마트에서 판매하는 것은 대부분 LA에서 가지고 온다). 드래곤 프룻(Dragon Fruit)이라 불리는 용과는 멕시코 열대과일로 선인장 열매이다. 선인장 줄기에 달린 열매 모습이 마치 '용이 여의주를 물

고 있는 모습과 닮았다' 해서 용과라고 하는데, 열매가 달린 선인장을 만나는 건 쉽지 않다. 호놀룰루, 와이키키에서도 선인장은 흔하게 볼 수 있지만, 열매가 달린 건 흔치 않은 일이다.

지인은 종종 이 농장에서 용과를 몇 kg씩 구매한다. 항산화 물질이 많은데, 특히 심장 질환자에게 좋단다. 사실 용과를 내 돈 주고 사 먹어보지는 않았는데, 용과 농장답게 후식으로 여러 색의 용과를 내어줬다. 용과도 색이 여러 가지라는 건 처음 알았는데, 흰색과 빨간색 속살에 참깨처럼 생긴 씨앗이 있다. 특별한 식감이라기보다 큰 맛이 느껴지지 않아 샐러드, 시리얼, 요거트 같은 것과 곁들여 먹으면 좋다고 하는데, 용과 농장에서는 그렇게 부지런 떨 일이 없다. 그냥 칼로 잘라 쓱쓱 씰이 머으면 끝난다. 껍질과 속살이 얼마나 잘 떨어지는지 조금 놀랐다.

　해외 어느 나라든 한인들이 모여 사는 곳은 대부분 정해져 있다. 오아후 알라모아나 인근에 있는 한인타운이 대표적이고, 곳곳에 흩어져 산다지만 이곳은 정말 아무도 모를 요새 같은 곳이다. 이런 곳에 한인이 운영하는 농장, 로컬 사람들이 서로 찾는다는 농장이 있다는 사실만으로도 자부심이 느껴졌다. 동시에 '할머니는 어떻게 이런 곳에서 농사지을 생각을 했을까' 궁금했다. 작지 않은 규모의 대지(12,000평가량)라 땅값이 만만치 않았을 텐데. 변두리 아무도 모르는 이곳에 땅을 사는 것보다 와이키키에 땅을 사서 빌딩 하나 올리는 게 나았을 수 있는데 말이다.

　1981년 혈혈단신으로 미국에 온 할머니는 LA로 향하던 길에 하와이에 내렸다고 한다. 오아후에 정착한 후, 마노아 지역의 한 일본인 집에서 일하기 시작해 식당까지 하면서 매물로 나온 이 땅을 온전히 자기의 것으로 만들기까지 30년이라는 시간이 걸렸는데, 건물이 가진 가치보다 땅이 가진 기회의 가능성에 더 큰 의미를 뒀다. 말이 좋아 농사고 농장이지, 할머니는 농사가 처음이었다. 게다가 이 땅은 허허벌판의 황무지였다. 주변 농장들이 트랙터로 땅을 고를 때 할머니는 곡괭이와 호미로 땅을 일구었다. 할머니 손길 하나하나가 더해져 결국 좋은 땅심을 만든 셈이다.

　90세 할머니는 아침에 눈 떠서 밭에 나오는 게 즐겁다고 한다. 미나리, 파, 상추 등과 이야기하고 사랑도 준다. 밭에 있는 채소, 농장의 동물이 친구가 되어주고 또 남편도 되어준다. 좋은 일은 이야기하며 기운을 나누고, 나쁜 일이 있으면 하소연하고 풀어낸다. 농장의 생명들도 그걸 아는 모양인지, 할머니의 사랑을 받고 자라는 아이들은 약 하나 치지 않은데도 잘 자란다며 두 아들이 신기해한다.

"나는, 이렇게 새파란 걸 보고 있으면 기분이 너무 좋아. 밭이 있으니 건강하지, 방에만 있으면 벌써 죽었을 기야."

카일루아 비치의 고운 모래보다 농장의 거칠지만, 순수한 흙더미가 마음에 깊은 울림을 냈다. 척박한 땅을 일구어 황금을 만들어 낸 할머니와 가족들. 검게 그을린 그들의 얼굴 위로 굵은 땀방울이 흘러내린다. 부지런함과 성실함이 만들어 낸 한국인의 긍지가 와이아나에 솔솔 불어온다.

농사는 서로를 위하는 마음이라는데, 우애 깊은 이들 가족의 마음이, 농장의 생물을 대하는 가족들의 손길이 결국 이 땅의 근간이 아닐까 하는 생각이 들었다.

He aliʻi ka ʻāina; he kauā ke kanaka.
The land is a chief; man is its servant.
땅은 지도자이며 인간은 그를 따르는 존재입니다.

알로하 횡단보도

　오아후에 있는 수많은 횡단보도 중 'ALOHA'라고 쓰인 곳이 있다. 알음알음 입소문 난 곳인데, 관광지는 아닌 탓에 찾아오는 사람은 많지 않다. 게다가 주택가에 위치하고 그렇다 할 주차장이 없어 불편할 수 있는 곳이다. 궁금한 마음을 감출 수가 없어 동준에게 한번 가보자고 제안했다. 현지에서 스냅 포토그래퍼로 활동 중이라 이런 곳도 알아두면 좋지 않겠냐고 말이다.

　동준이는 카메라, 드론 등의 촬영 장비를 챙겨 픽업을 왔다. 와이키키에서 20여 분 이동해 알로하 횡단보도가 있는 곳에 도착했다. 동네 주민들이 드문드문 다니고, 횡단보도 바로 앞에 있는 집주인이 나갈 채비를 하는지 차고와 집을 왔다 갔다 하기에 눈치도 살짝 보였다. 잘못한 건 아닌데, 뭐랄까 아늑한 그들의 공간에 침범하는 듯한 기분이 들었다. 주차장이 없어 적당한 곳에 주차하면서도 빨리 사진만 찍고 이곳을 떠나야겠다는 생각뿐이었다. 사진은 담아내고 싶고, 마음은 불편하고. 집주인은 아무런 말도 하지 않았는데 좌불안석이 따로 없었다. 그런데 푸근하고 마음 좋게 생긴 주인은 가끔 사람들이 사진 찍으러 온다며 이 횡단보도가 어떻게 만들어진 것인지 설명까지 덧붙였다.

2014년, 누군가 횡단보도 라인 흰색 페인트에 선을 추가해서 'ALOHA'라는 글씨를 만들었는데, 누가 했는지 아무도 알지 못한다고 한다. 하와이주에서 한 번 도색 작업을 해 지웠는데, 또다시 글씨를 써 두고 사라졌다고 한다. 이를 두고 찬반 의견이 나뉘었다. 동네 주민들은 '알로하 정신을 갖고 걸을 수 있어서 좋다'며 찬성했고, 경찰과 당국은 '미관을 해치고 법을 위반하는 행위'라고 반대했다. 수많은 동네 중 왜 하필 오아후 카이 지역이며, 또 헤아릴 수 없을 만큼 많은 횡단보도 중 왜 이곳인 건지, 알로하 횡단보도를 만든 이유는 알 수는 없지만, 생각보다 주민들의 반응은 좋았다.

코코 크레이터(Koko Crater) 아래 그려진 알로하 횡단보도. 언젠가 다시 사라질지도 모르는 그 길에 서서 서둘러 사진 촬영을 했다. 그리고 혹시 많은 사람이 찾아가서 피곤하게 하는 게 아닐까 싶어 누군가에게 알려주기 조심스러웠다.

May the spirit of Aloha fill your heart and guide your way
알로하의 정신이 당신의 마음을 채우고, 당신의 길을 밝혀주기를 바랍니다.

공사만 1년, 몽키팟 키친

몽키팟 키친 와이키키

하와이는 무언가 새로 짓기 시작하면 '빨리빨리'인 한국과는 달리 느긋하다. 시간에 쫓기지 않는 사람들 같다. 새 건물을 올리기 시작한 걸 보고 왔는데, 2년이 지나도 여전히 공사 중이었다.

오아후 첫 여행, 첫 호텔이었던 아웃리거 리프 와이키키 비치 리조트(OUTRIGGER Reef Waikiki Beach Resort)를 지나가면 여전히 반갑다. 하와이에 대해 아무것도 모를 때 선택한 첫 호텔이었고(물론 그때 옆 객실에 중국인 투숙객이 시끄러웠던 게 떠오르지만), 운 좋게 10년 만에 팸투어로 다시 투숙하게 되기도 했다. 물론 그사이 리노베이션 공사를 해서 분위기가 많이 바뀌긴 했지만(와이키키 내 일부 호텔들은 코로나 시기 리노베이션을 대대적으로 했다). 비치 1열 호텔이지만, 다른 브랜드 호텔 대비해 가격이 조금은 저렴하다. 뿐만 아니라 하와이와 폴리네시안 문화를 제대로 보여주는 곳이고, 리조트 내 프로그램이 너무 좋아 아이 동반한 가족들이라면 꼭 추천한다(종일 리조트 프로그램만 하며 시간을 보내도 될 만큼 다양하다). 게다가 전자레인지를 요청하면 객실로 가져다줘 햇반이나 컵밥 먹기도 편리하다(한국 여행자들에게는 특히 소중한 존재다).

하와이 내에서 좋아하는 음식점을 몇 곳 뽑는다면(힘들긴 하지만), 그

중 하나가 몽키팟 키친(Monkeypod Kitchen)이다. 시끄럽고 복잡한 건 썩 내키지 않는데, 그곳에서는 그 정신없음에 반했다. 뭐랄까, 하와이 바이브처럼 느껴졌달까? 'LUCKY LIVE HAWAII'라는 캐치프레이즈도 한몫했다. 오아후섬에는 코올리나 지역 매장 한 곳뿐이라 늘 아쉬움이 따랐다(방문하려면 렌터카로 30분 이동해야 한다). 2022년 리노베이션을 마친 아웃리거 리프 와이키키 비치 리조트를 살피러 갔다가 수영장 앞에서 익숙한 폰트를 봤다. 다름 아닌 몽키팟 키친의 CI였다. 그리고 아래 'COMING SOON'이라고 적혔다. 잠시 정적. '어, 그 몽키팟이. 앗싸!' 쾌재를 불렀다. 드디어 와이키키에도 생기는구나!

몽키팟 키친을 좋아하는 이유 중 하나는 셰프의 철학이다. 이곳은 하와이 리저널 퀴진(Hawaii regional cuisine)의 창립 멤버로 현존하는 하와이 최고의 셰프라 불리는 피터 매리맨(Peter Merriman)이 운영하는 캐주얼 레스토랑이다. 매리맨은 하와이 호텔에서 일하며 외부 재료로 만드는 미국식 요리가 인기가 없다는 걸 깨닫게 된다. 그러면서 언제까지 외부 재료에 의존한 채 음식을 만들어야 하는지, 지역과 공생할 방법은 없는지 고민했다. 그 고민 끝에 만들어진 단체가 하와이 리저널 퀴진이다. 하와이에서 생산되는 재료로 자신들만의 스타일을 담은 요리를 만드는 것. 로이 야마구치(Roy Yamaguchi's), 앨런 웡(Alan Wong) 등 셰프들과 함께 다양한 스타일의 요리를, 하와이 음식 문화를 발전시켰다. 하와이 파인다이닝의 시작으로 하와이 1세대 레전드 셰프들이 그걸 한 셈이다. 게다가 그는 '팜 투 테이블(Farm to table)' 개념을 만든 선구자이기도 하다. 사탕수수와 파인애플 농사가 전부였던 하와이 땅을 보며 발전시켜야겠다는 생각이 들었다고 한다. 농부들과 상의 끝에 죽어가던 땅에 직접 채소와 과일 등을 심고 목축을 시작했다. 그렇게 그의 전 브랜드 매장에는 95% 이상 현지에서 나는 재료를 활용한다. 코나 랍스타, 마우이 양파와 소고기, 쿠알로아 랜치 홍합 등. 가장 신선한 현지 재료로 가장 맛있는 하와이 음식을 올린다. 하와이 토지를 보호하기 위한 비영리 단체 'Hawaii Island Land Trust'에도 참여하고 있다. 셰프의 이런 철학이 나로 하여금 브랜드에 더 충성하게 한 셈이다.

셰프가 좋다고 음식이 무조건 맛있게 느껴지는 건 아니다. 그가 운영하는 파인다이닝 '메리맨즈' 본점(빅아일랜드 와이메아)에 갔을 때도 레스토랑 분위기와 서비스에 놀랐다. 태어나서 그런 서비스는 처음이었다고 느낄 만큼 서버의 태도, 몸짓, 설명은 진심 그 자체였다. 오픈 공간, 오픈 키친, 자유로운 사람들 사이 바람 소리 새 소리, 그리고 라이브 음악 소리. 모든 게 조화를 이뤘다. 어떻게 그렇게 들릴 수 있었는지 아직도 '몽키팟 키친 와일레아'(마우이)에 갔을 때 그 충격을 잊을 수가 없다. 나에게 이런 감정을 준 곳인데, 몽키팟 키친 와이키키가 문을 연다는 소리에 환호한 건 너무 당연한 순서였을지도 모른다.

하지만 2023년 6월 말에 갔을 때도 여전히 공사 중이었다. 호텔 직원에게 물었는데 '곧'이란 말만 했다. 당시 8월 초까지 체류할 예정이었기 때문에 그전에만 오픈해달라고 간절히 빌었는데, 그 기도를 들었는지 7월 7일에 오픈했다. 야호! 근데 공사만 1년! 오픈해서 어수선한 건 내게 아무 문제가 되지 않았다. 10년 전에 어두웠던 호텔 식당이 밝고 산뜻한 오션뷰 레스토랑으로 변했다. '우리 하와이야'라고 말하는 매장 내 패브릭과 창문이 곧 액자인, 와이키키를 매장 안으로 들인 것

같은. 그래서 파도가 세게 칠 땐 매장을 철썩이게도 하지만, 그것마저 용서되는 그곳에 앉아 시그니처 칵테일을 주문했다. 릴리코이 폼이 올라간 마이타이를 마시며 가만히 한 시간을 보냈다. 1년을 기다렸는데 한 시간은 충분히 즐겨야 하지 않나.

하나를 만들어도 오랜 기간 진심으로 만드는, 그래서 웬만하면 중간에 바꾸거나 고치는 일이 없는 이들의 문화가 낯설지만, 반가울 수밖에 없는 이유다. 모르긴 몰라도 이 매장은 앞으로 10년은 고쳐지지 않을 테다. 이 익숙함과 편안함이, 그때도 여전할 수 있기를 바란다.

He kōʻokoʻo no ka pūnāwai.
샘물의 지팡이(삶의 지지대가 되는 것을 의미)

Today is fantastic!

“Today is fantastic!”

엘리베이터를 기다리고 있는데, 한 남자가 빌딩으로 들어오며 말했다. 엘리베이터 앞에 서 있는 사람이라곤 나뿐이었다. 스몰토크가 일상인 미국에서 날씨 이야기는 한국처럼 대화의 물꼬를 트기 좋은 소재가 된다.

6월 중순, 감기가 찾아와 물에 빠져 축 늘어진 사람처럼 몸이 흐느적거렸다. 그날 날씨는 그 남자의 말처럼 판타스틱했다. 뜨거운 볕과 살랑거리는 바람결의 조화가 그저 낙원이라고밖에 할 수 없었다. 바라보고만 있어도 좋았던 건 사실이었으니까. 다만 내 몸이 너무 힘들었다. 코로나도 아닌데, 정말 죽을 맛이었다. 두통은 며칠째 떨어질 줄 몰랐고, 양쪽 코는 킁킁 막히고 목소리는 완전 쉬어서 적응할 수 없었다. 식은땀과 열이 났고 서 있는 것조차 곤욕이었다. 마치 방전을 기다리는 휴대폰과 같은 상태였다.

솔직히 그 남자의 말에 대꾸할 힘이 없었다. 남자는 무안한지 비슷한 말을 또 했다. 침묵으로 일관할 수가 없어서 시작된 대화는 날씨 이야기로 채워졌다. 판타스틱한 날씨만큼 그의 표정도 반짝였다. “하와

이는 매일 이런 날씨잖아?"라는 내 말에 남자는 "그럼에도 오늘 날씨 판타스틱해"라고 답했다. 행색이 여행객처럼은 보이지 않아 "여기 살아?" 물었다.

"카폴레이 지역에 살아. 코올리나 알아?"

"알지. 너무 예쁜 곳이잖아."

짧은 대화를 나누는 사이 엘리베이터가 도착했다. "만나서 반가웠어! 좋은 날 보내" 하고 인사하며 엘리베이터를 탔다. 짜낼 수 있는 힘을 다해 겨우 대화를 마쳤다. 어쩌면 영양가 없는 날씨 이야기지만, 그의 말 한마디는 숙소에 돌아올 때까지 머리에 맴맴 돌았다. 판.타.스.틱.

말 한마디의 힘은 컸다. 내 몸이 판타스틱을 누릴 만한 컨디션은 아니었지만, 그날 날씨는 그 남자 말처럼 정말 판타스틱한 건 맞았다. 종일 하늘에 구름 한 점 없이 투명했고 에어컨 바람 따위 생각나지 않을 만큼 시원했으니까. 병원에서 받아온 약을 먹고도 깊게 낮잠을 잘 수 없었다. 누워서 뒹굴거리기에 이 판타스틱한 날씨가 너무 아까워 베란다 의자에 앉아 잘 널린 빨래처럼 몸을 축 늘려 판타스틱한 날씨에 몸을 말려본다. 눈을 감고. 그 남자가 말하던 그 기분 좋은 표정을 떠올려본다.

Sunburn is just a reminder that even the sun loves Hawaii too much.
햇볕에 타는 건, 태양조차 하와이를 너무 사랑한다는 걸 상기시켜 주는 거예요.

굿모닝, 알로하!

우연한 기회에 하와이에 초등학생을 데리고 썸머 영어 캠프를 왔다. 캠프 기간에도 주말 아침은 마음의 여유가 태평양처럼 넘친다. 일단 아이들이 등교하지 않는다. 그러다 보니 아침 산책도 천천히, 마음껏 즐길 수 있다. 감기가 일주일 넘게 떨어질 기미를 보이지 않아 지난밤은 작정하고 10시가 되기 전에 잠들었다. 잠들지 못하면 어쩌지 걱정했지만, 감기약과 항생제는 수면에 탁월한 효과를 줬다. 눈뜨니 어김없이 새벽 6시였다. 어두컴컴한 방 안에서 새어 나오는 휴대폰 불빛으로 간밤에 온 메시지만 확인하고 대충 옷을 입고 캡 모자를 눌러쓰고 호텔을 나섰다.

부지런한 사람들의 아침은 이미 분주하게 돌아가고 있었다. 카페에는 긴 줄이 늘어섰고, 비치 모래사장에는 벌써 선탠을 하느라 누워 있는 외국인이 있는가 하며, 조깅을 하는 이들도, 비치 발리볼하는 이들도 있다. 비치와 호텔 풀장을 청소하는 인부도 있다. 금속 탐지기를 갖고 비치 모래 위를 탐색하는 이도 있다. 약간은 춥다고 느껴질 만큼 바람이 불지만, 이미 중천에 떠오른 해가 포근하게 몸을 감싼다.

힐튼 하와이안빌리지에서 와이키키까지 산책 삼아 다녀오는 길,

새로 생긴 베이커리 카페에 들러 크루아상 두 개를 샀다. 뉴욕에서 온 한인 사장님이 프랑스의 한 마을 이름을 딴 '바빈(Vavin)'이라는 디저트샵을 운영하는데, 그곳의 빵 맛이 궁금했다. 오전 7시에 문을 여는 곳이지만, 빵이 다 팔리면 문을 닫는 시스템이라 문이 열려 있을 때 사는 게 맞겠다 싶었다. 마음 같아서는 테이블에 앉아 느긋하게 먹고 싶지만, 아이들 일어날 시간이라 발걸음을 조금 재촉해야 할 것 같았다.

아침의 작은 호사를 누리고 호텔로 들어오는 길, 갑자기 '즐거운 곳에서는 날 오라 하여도 내 쉴 곳은 작은 내 집뿐이리'라는 노래가 떠올랐다. 누가 뭐라 해도 내 집이 최고라는 걸 집을 떠나 있으면 절실히 느끼게 된다. 가족이 아닌 전혀 낯선 사람들과 함께하는 하와이가 내게는 마냥 편하지는 않다. 가족의 편안함을 무엇과 비교하겠나. 그래도 조금씩 양보하고 이해하면서 지낼 수 있어 불편함은 크지 않다.

호텔 로비로 들어서니 아직은 프런트가 한가한 시간이다. 벨보이들

이 삼삼오오 모여 대화의 꽃을 피우고 있다. 벌써 몇 번이나 마주친 직원들과 인사를 건넨다. "굿모닝"이라고 나눈 인사는 "나이스 캡"으로 이어졌다. 그 나이스 캡에 적힌 글씨는 메인랜드 야구팀까지 소환했지만, 기분 좋은 표정으로 인사하는 그를 모른척할 수가 없다. 직원의 아주 사소한 행동 하나가 고객의 기분을 즐겁게 한다. 프런트데스크에 있는 직원보다 벨보이나 주차를 봐주는 직원들이 더 편하고 정겹다. 다음에는 단순히 '굿모닝'이 아니라 먼저 그 직원의 이름을 불러주며 인사를 해봐야겠다. '즐거운 나의 집'에 돌아가면 남편이 내 이름을 불러주며 맞이하는 것처럼. 누군가의 이름을 불러주는 건 기분 좋은 일이니까.

He ʻāina kīhāpai, he hale hoʻokipa.

정원 같은 땅, 손님을 환영하는 집

(풍요로운 땅과 따뜻한 집이 사람에게 진정한 행복을 준다는 뜻입니다).

하와이의 특별한 인사, 샤카

　운전하다 보면 보행자에게 길을 먼저 내어줄 때가 있다. 그럴 때마다 나는 손으로 먼저 가란 손짓을 하는데, 가끔 남편이 "그렇게 하면 너무 건방져 보이는 거 같아!"라고 말한다. 특히 하와이에 장기간 다녀온 다음 한국에서 운전할 때 그런 일은 더 많은데, 하와이에서 운전하던 버릇이 남아 있어서다. 미국 다른 주는 어떤지 잘 모르겠지만, 하와이 사람들은 유독 손 제스처를 많이 쓴다.

　여행객들이 익히 한 번은 들어 봤을 법한 '샤카(SHAKA)'도 손 인사의 일종이다. 샤카는 엄지손가락과 새끼손가락을 펴고 나머지 손가락은 접어서 손을 흔드는 인사를 말한다. 이는 하와이주의 공식 제스처이기도 하다. 일상에서 많이 사용하는 제스처이지만, 하와이에서 시작되었음을 공인하는 법안은 2024년 채택되었다.

　샤카의 유래설은 몇 가지로 정리된다. 대표적으로 알려진 건 한 청년의 이야기. 사탕수수 시절 하마나 칼리이라는 청년이 설탕공장에서 일하다가 사탕수수 기기에 손이 끼여 손가락 세 개를 잃게 된다. 청년이 사고로 잃게 된 손가락이 엄지와 새끼손가락을 제외한 나머지 손가락이다. 농장 주인은 그가 더 이상 일을 할 수 없을 거란 판단에 북쪽

Others
ISLANDS
Polynesia
One Ohana Sharing Aloha

의 선셋 비치(Sunset Beach)와 동쪽의 카아아바(Kaaawa) 사이를 운행하던 기차의 보안 책임자로 새로운 직무를 줬다. 그리고 그가 열차가 들어오고 나갈 때 손을 흔들어 신호를 보내던 모습을 아이, 어른이 따라 하게 되면서 샤카가 시작되었다는 이야기다. 이후 1960년대 한 광고에서 '샤카 브라더'라는 카피를 외치면서 샤카는 더욱 유명해졌고, 1976년 호놀룰루 시장 캠페인에도 사용했는데, 당시 삼선에 도전한 프랭크 파시(Frank Fasi)가 선거 운동에 활용했고 그가 시장에 당선되면서 샤카는 더 유명해졌다. 오바마 역시 대통령 재임 당시 공식적인 자리에서 샤카 동작을 많이 선보였다.

샤카는 하와이의 전통 인사법이지만 그 안에 담긴 뜻은 다양하다. 복합적이라고 할까? 감사, 격려, 호의에서부터 '느긋하고 여유로운 시간을 보내' '잘 되고 있다' '반갑다' 등 긍정의 의미가 담긴 사인이다.

샤카뿐만 아니라 이곳 사람들은 손 제스처를 일상에서 많이 사용한다. 운전하다가 끼어들기를 할 때도 방향지시등 대신 팔을 창문 밖으로 빼서 손으로 양해를 구한다. 그렇게 누군가 양보를 해주면 손가락을 모두 펴서 감사하다고 표현하거나 샤카를 한다. 그뿐인가. 횡단보도가 아니더라도 보행하는 이가 있다면 먼저 가라고 손짓한다. 그러면 보행자도 감사의 의미로 샤카, 또는 다섯 손가락을 펴서 수신호를 보낸다. 손 하나로 나눌 수 있는 인사가 무궁무진하다.

어떻게 보면 손으로 혹은 손가락으로 까딱까딱하는 것이 보기에 따라 기분이 썩 유쾌하지 않을 수도 있지만, 이곳에서는 모두 기분 좋게 손 인사를 나눈다. 아주 사소한 일에서부터 정말 감사하고 고마움을 표시하는 일까지. 아마 하와이에서 렌터카 운전을 하다 보면 더 많이 느낄지도 모르겠다. 그 인사가 샤카가 되었든 손 인사가 되었든 고맙다는 마음이 담긴 건 분명하다. 그리고 그 안에 알로하 정신이 담긴 것 또한 명확하다.

'Hang loose', 'Right on', 'Thank you', 'Things are great', 'Take it easy'
– in Hawaii, the shaka sign expresses all those friendly messages and more.
편히 쉬어요, 좋아요, 고마워요, 잘 될 거예요.
– 하와이의 샤카 사인은 이런 친절한 마음을 담고 있습니다.

한국어 책이 많은 도서관

맥컬리 모일리 공공도서관

하와이를 여행하기 시작하면서 유럽 여행을 하는 횟수가 상대적으로 줄었다. 유럽 여행에는 매력적인 요소가 많다. 고풍스러운 궁전에서부터 다양한 건축 양식을 가진 성당과 교회, 내로라하는 미술, 음악, 문학 등의 작품들 그리고 그것과 연결된 콘텐츠들 등까지 말이다. 이상하게 유럽에 가면 미술관과 성당만큼이나 도서관에 꼭 가보고 싶은데(물론 여행객들의 걸음을 허용하는 곳은 드물지만), 그건 도서관이라는 공간의 매력보다 건축물에 대한 호기심 때문일지도 모르겠다.

오아후 내에도 도서관은 여러 곳이지만, 건축물이 그럴싸하다고는 말할 순 없다. 도서관 본연의 기능에 초점을 둬야 한다. 유럽과 달리 하와이의 도서관은 장기체류하는 여행자들도 이용할 수 있다. 게다가 와이키키 근처에 있는 '맥컬리 모일리 공공도서관(McCUlly-Moiliili Public Library)'은 한국어 책을 많이 보유하고 있다. 한국 교포 부부의 기증과 후원으로 시작된 도서관이며 한국인 사서 3명이 근무 중이다. 건물이 눈길을 끌거나 인테리어가 화려하진 않지만, 한글로 된 안내, 한국어로 된 책도 마음을 편하게 해준다. 모든 것이 책처럼 반듯반듯한 형태이다. 대출 창구, 책꽂이, 책상 등 뭐라 할 것 없이 말이다. 2층에 올라가면 한국어 도서가 모여 있는 섹션이 있다. 무궁화와 전통 누각을 모티브로 한 간판이 촌스럽기도 하지만 정겹다. 소설, 비소설 할 것 없이 장르 불문하고 생각보다 많은 양에 좀 놀랐다. 신간이라고 해도 이미 출간한 지 적게는 몇 달에서 일 년은 된 책이지만, 그래도 하와이에서 이 정도면 신간인 셈이다.

하와이에 거주하는 한인들의 평균 연령이 다른 주보다 높다는 걸 도서관에서도 느낄 수 있다. 2층 한국어 섹션 주변에 모인 이용자들 대부분 60세 이상은 되어 보였다. 물론 현지인들도 있었지만, 그들은 학생이거나 청년이었다. 책상 한쪽에 앉아 노트북을 열었다. 이어폰을 챙기지 못한 탓에 귀는 자연스레 공간의 흐름에 맡겨야 했다. 텀블러를 꺼내 책상 위에 올려뒀는데, 보안 직원이 책상 위에는 텀블러를 올

려둘 수 없다며 안내했다. 실수로 텀블러를 엎으면 책이 파손되는 걸 염려해서 그런 건가 보다 하고 순순히 가방에 넣었다.

도서관 1층은 아이들을 위한 공간이다. 영어로 된 동화책, 도서가 서가에 정리되어 있다. 책상 대신 아이들이 편하게 읽을 수 있도록 공간 구성도 자유롭다. 단기간 여행자가 도서관을 찾는 건 쉽지 않겠지만, 열흘 이상 혹은 한달살기를 한다면 이곳을 찾아보는 것도 이색적 발걸음이 될 것 같다. 대출 카드를 만들면 도서 대출도 가능해 여행지에서 책 한 권 읽는 여유도 누릴 수 있다.

해외에 이렇게 한국 도서를 많이 보유한 도서관 있는 것도, 한국 교포 및 여행자가 편하게 이용할 수 있는 도서관이 있는 것도 감사하다. 그 덕에 나 같은 여행자도 와볼 곳이 하나 더 늘었다.

Live life with the spirit of the islands : open heart, open mind, open arms.
섬의 정신으로 삶을 살아가세요 : 열린 마음, 열린 생각, 열린 팔.

🌺 ─────── 한 달 살기 등 장기 체류할 예정이라면 등록증을 만들어 책 대여도 가능합니다. 3개월간 10$이며 현금으로만 결제할 수 있습니다.

와이키키 선셋 와인

카이마나 비치

강렬하고도 뜨거운 볕의 기운이 한풀 꺾이고 나면 바다도 한결 차분해진다. 하루를 보낸 이들의 얼굴도 아침의 상기된 기운과 달리 차츰 평온해진다. 서둘러 저녁을 먹으러 가는 건지, 펍이나 레스토랑 해피 아워(Happy hour)를 즐기고자 걸음이 빨라지는 건지 알 수 없으나 와이키키는 또 다른 활력으로 색칠된다. 야자수 잎, 모래알 등 반짝반짝 빛나던 것이 포근함을 가득 안은 분홍빛과 노랑 빛을 품기 시작하면 뭐랄까, 마음도 말랑해진다.

칼라카우아 애비뉴를 따라 카이마나 비치(Kaimana Beach)까지 걸었다. 그러려고 한 게 아닌데, 발길 닿는 대로 하염없이 걷다 보니 카이마나 비치 벤치에 앉아 있다. 카이마나 비치는 와이키키 동쪽 가장 끝부분에 있는 비치인데, 여행객보다 현지인이 더 사랑하는 곳이다. 와이키키 섹션 내 비치 중 가장 조용한 곳이다. 비치 옆으로 전쟁 기념물이 하나 있는데, 10년째 문이 굳게 닫혀 들여다보기가 어렵다. 궁금해서 구글로 찾아보니 수영장이다. 와이키키 네이터토리움 전쟁기념관(Waikiki Natatorium War Memorial)이라는 곳인데, 바닷물로 지어진 수영장이란 소개가 붙었다. 와이키키 비치도 좋은데 이런 곳에 수영장까지

있었다니! 호주 본다이 아이스버그 수영장(Bondi Icebergs Pool)과 비슷한 모습이지만, 역사만큼은 남다르다. 제1차 세계대전 때 이곳에서 목숨을 잃은 이들을 위한 전쟁기념관인 걸 보면 말이다. 하지만 굳게 닫혀 있는데 이렇다 할 기념이 되는지 의문이다(재향군인의 날 이 앞에서 기념식을 한단다). 올림픽 규모의 수영장, 매력적인 조경, 하와이 보자르 양식(Hawaiian Beaux-Arts)의 건축물인데, 이렇게 방치되어 안타깝다. 카이마나 비치에 앉아 있으면 절로 들어오는 풍경이라 더 애석하다.

벤치에 앉아서 해가 뉘엿뉘엿 저무는 걸 멍하니 바라보는데, 한 여자가 "앉아도 될까?" 하고 묻는다. 통성명도 나누지 않고 그저 벤치에 여자 둘이 나란히 앉아 바다만 바라보고 있었다. 바스락바스락하는 소리

가 들려와 주위를 살피니 옆에 앉은 여자가 종이봉투에서 주섬주섬 뭔가를 꺼낸다. 와인 한 병, 종이컵 몇 개, 그리고 안주 삼아 먹을 수 있는 야채 스틱이다. 익숙한 듯이 캔달 잭슨 샤르도네 와인을 따더니 "한잔 마실래?" 하고 묻는다. 선셋에 물드는 와인이라니, 거절할 이유가 없다. "비치에서 술 마시면 안 되는 거 아냐?"라고 말하면서도 이미 손은 그녀가 콜라처럼 콸콸 쏟아낸 와인이 담긴 종이컵을 건네받고 있었다.

하와이는 공공장소에서 술을 마시는 게 불법이다. 불법이라고 모두 하지 않는 건 아니다. 비치에 가면 유독 텀블러를 들고 다니는 사람이 많은데, 그 텀블러에 모두 물이나 커피가 담겼다고는 생각하지 말자. 그중 일부는 맥주일 수 있으니까.

그녀는 "이렇게 마셔도 누구 하나 단속하지 않아. 괜찮아"라고 했다. "종이컵에 마시는데, 누가 알겠냐!"라고 하며 우리는 소리도 나지 않는 잔을 짠하며 부딪히고 한 모금씩 나눴다. 내게 "학생이야?" 하고 물었는데, 내가 학생처럼 보이냐며 웃었다. 퇴근길 와이키키 선셋을 보며 와인 한잔에 하루를 털어 보내다니, 황홀하지 아니한가. 선셋에 와인이 빠질 수 없다는 그녀는 야채 스틱 몇 번 씹고 몇 모금을 더 마시더니 미련 없이 자리를 떠났다. 선셋 친구가 남기고 간 와인 한잔 덕에 선셋의 풍경이 더 새빨갛게 진하고 깊어 보인다. 같은 선셋 아래 와인을 나눠 마신 그녀의 인생이 항상 Cheer up이길.

Napo'o ana o ka la.

해가 지는 순간(선셋).

햇빛 알레르기 약을 나누었을 뿐인데

　포털 사이트를 보면 여행지마다 여행 준비를 돕고 정보를 공유하는 커뮤니티, 카페가 있다. 나도 처음 여행 준비를 하면서 하와이 여행 카페에 가입했다. 궁금한 것을 묻고, 누군가 달아주는 댓글로 궁금증을 해결하고, 정보를 얻었다. 먼저 다녀온 여행자들의 후기는 또 하나의 길라잡이가 되었고, 누군가의 실수담은 내 실수를 방지할 수 있는 완충제가 되었다. 처음에는 개념을 잡느라 헤맸지만, 정보는 빠르게 연결되었다. 준비하면서 도움을 받았던 터라, 여행 중에 정보나 날씨를 공유하기도 하고, 그러다 카페 회원들과 친해지게 되고 카페 관리도 하면서 지금껏 10년을 매일매일 카페 접속하는 일이 빼놓을 수 없는 일과가 되었다.

　현재는 미여디(미국여행디자인)에서 운영하는 하와이 전용 카페인 '하여디(하와이여행디자인)'의 부매니저를 맡고 있다. 랜선을 통해 연결된 수많은 이들이 정보의 바다에서 원하는 것을 낚기 위해 허우적거리며 '하와이'를 향한 닻을 올린다. 카페에서는 한두 달에 한 번씩 여행을 준비하는 이들을 대상으로 오프라인 설명회를 하는데, 신청자들에게 3~4시간씩 하와이 여행 설명을 A에서 Z까지 한다.

한 번은 강의를 시작하고 얼마 지나지 않아 여성 두 명이 문 앞에서 들어가야 하나 말아야 하나 서성이는 모습이 보였다. 그들은 용감하게 문을 열고 들어왔고, "혹시 설명회 오셨나요?"라고 물으니 나를 만나기 위해 왔다고 대답했다. 설명회가 목적이 아니었다. 설명회 중이니 잠시 기다려 달라고 양해를 구하고 쉬는 시간에 자초지종을 들었다.

몇 달 전, 가족여행 중인 한 엄마가 대학생 아들이 햇빛 알레르기 때문에 너무 힘들어한다며 어떻게 할 방법이 없겠냐는 글을 카페에 올렸다. 눈 뜨자마자 카페를 습관적으로 확인하는 난, 바로 1:1 채팅으로 메시지를 전달했다. 마침 하와이에 체류하고 있었고, 그분은 내가 지내는 곳에서 10분 거리의 호텔에 투숙 중이었다. 평소 나도 햇빛 알레르기가 있기에 약, 거즈 등을 철저하게 준비한다. 병원에서 처방 받아온 약도 바셀린과 거즈도 여유가 있었던 터라 나누기로 하고, 세수만 하고 바로 움직였다.

하와이는 자외선 지수가 한국보다 3~4가량 더 높다. 아침부터 10~11일 경우가 많다. 사람에 따라 다르지만, 햇빛 알레르기가 심하거나 화상을 입게 되면 몸이 간지럽다. 증상에 따라 물이 닿거나, 옷깃만 스쳐도 힘들어한다. 그 고통을 잘 알고 있어 안타까운 마음에 서둘렀다. 그분이 체류 중인 호텔 앞에서 만나 약과 거즈를 나눠드렸다. 빈손으로 나오기가 미안했던 모양인지 종이가방에 비빔국수, 칼국수, 간식을 챙겨왔다. 하와이 여행하며 한국인 여행자에게 작은 손길을 내민 것이 처음은 아니지만 감사하다고 뭔가 받아본 건 처음이었다. 그분은 남은 여행 동안 아이들 안부를 전하며 고맙다는 인사를 재차 했다. 약 먹고

나아져서 남은 여행 잘 마무리했다면, 그것만큼 고마운 일도 없지 않은가! 한국에 돌아온 후 그 기억은 점점 희미해져 갔다.

두 계절이나 지난 일인데 꼭 인사하고 싶었다며 간식과 봄꽃다발을 챙겨왔다. 받으면서 민망하기도 했지만, 한편으론 감사하기도 했다. 여행 후 일상으로 복귀하면 쉽게 잊을 수도, 지나칠 수도 있는 일인데 이렇게 다시 찾아준다는 것이 말이다.

누군가 '다정도 병'이라고 말하곤 한다. 나에겐 작고 소소한 이런 보람이 중독인 것 같다. 특히 하와이와 관련해서는 말이다. 하얀색 프리지어와 노란 아네모네 향기가 봄을 부른다.

Ua ola no i ka pane a ke aloha
There is life in a kindly reply.
친절한 말 한마디에도 생명이 깃듭니다.

심리테스트를 해준 샘

카카아코 워터프런트 파크

가끔 알라모아나 비치파크(Ala Moana Beach Park)를 걷는다. 그 걸음의 종착지는 카카아코 워터프런트 파크(Kaka'ako Waterfront Park)이다. 대부분 한낮보다는 선셋에 맞춰서 길 위를 소요한다. 꽤 넓은 공원인데 알라모아나 비치파크를 지나 카카아코 지역에 있다 보니 실상 여행자들은 거의 없다. 그래봐야 알라모아나 비치파크에서 도보로 10분 남짓인데 말이다.

선셋을 즐길 수도 있으며, 망중한을 보내기도 좋다. 누군가 방파제에 우두커니 앉아 바다를 즐기고 또 누군가는 잔디에 누워 청춘 그림 같은 장면을 연출한다. 조깅하는 아빠와 함께 나온 아이는 자전거 연습을 한다. 그런 것 따위에 관심이 없다며 고기며 갈비를 굽는 사람도 있다. 퇴근 후 삼삼오오 모여 러닝을 하는 이들도 여러 팀 보인다. 오후 7시 주차장 문을 닫기 때문에 렌터카를 이용한다면 시간의 노예가 될 수 있지만, 산책 삼아 간다면 시간의 속박에서 탈출할 수 있는 곳이다.

선셋 사진을 찍으려 방파제에 서성이고 있는데, 거기서 사진을 찍는 건 나 하나뿐이었다. 돈 주고도 사지 못하는 이 귀한 장면을 사진으로 기록하지 않고 다들 눈으로, 마음으로만 담아 가는 모양이다. 이토록

멋진 선셋을 매일 누리는 자들의 여유라고 해야 하나.

목에 카메라 스트랩을 걸어둔 채 사진을 찍고 손에 잡은 휴대폰으로 영상을 찍고 있으니 한 노인이 다가왔다. "너 포토그래퍼니?" "나? 아니. 그냥 선셋이 좋잖아"라고 답했더니 대뜸 어디서 왔냐고 질문을 이

었고, 통성명까지 진도를 뺏다. "잠깐 시간이 있어?"라고 물었는데, 시간이 없다고 하기엔 여길 더 누려야 하는 상황. 자기한테 2분만 써달라고 한다. 태평양 앞에 있을 때는 마음도 태평양처럼 한없이 넓어지는 법. 흔쾌히 오케이를 하고 처음 본 사람과 나란히 앉았다. 파도 소리가 방파제를 때리며 운치를 더한다. 심리테스트를 해보겠다고 하기에 '얼마나 잘하는지 어디 보자'라는 속셈으로 응했다. 한국의 '도를 아십니까?' 뭐 그런 것과 비슷한 거 같긴 했지만, 그러기엔 심리를 꿰뚫어 맞춰서 소름이 돋았다. '오! 보통이 아닌데~' 하며 경계가 풀렸다. 오렌지빛으로 물드는 하늘 반대편으로 무지개가 피어올랐다. 마음의 긴장이 풀려 더 많은 대화를 나눴고, 2분은 진작 넘어버렸다.

인도 출신의 샘이었다. 누구든 "4개월 동안 하와이에 체류 중이야" 하면 다들 놀라는 것처럼 샘도 그랬다. 그러면서 "남편에게 이혼당하는 거 아니야?"라고 했는데, 이런 반응은 전 세계 남자들에게 모두 정해진 건가! 암튼 우연한 만남이었지만, 샘은 돌아가면서 카메라 렌즈를 보며 마치 찍어달라는 것처럼 손을 흔들어 샤카를 날렸다.

며칠 뒤 샘과 똑같은 자리에서 다시 만났다. 그땐 샘이 먼저 "줄리아~" 하고 내 영어 이름을 부르며 다가왔다. 처음 만났을 때와 비슷한 자리에 앉아 이런저런 이야기를 나눴는데, 그러다 연락처까지 교환했다. 다음에 만나면 자기 집에 초대하겠다는데, 그 말에 느슨한 경계가 다시 채워졌다(혼자 가지 말고 누군가 데려가야 할까 보다). 아무튼 샘, 그래도 이것도 인연이니 다음에 다시 연락할게요! 전 유심으로 쓰는 번호라 다음에는 다른 번호가 될 테지만, 당신 번호는 그대로겠죠!

플루메리아로 전하는 사랑

　와이키키에는 작은 연못 조형물이 여러 곳에 만들어져 있다. 오리가 어울려 더위를 식혀가기도 하고, 물을 먹고 휴식을 취하는 여러 종류의 새는 또 다른 이들의 관심을 받기도 한다. 새들의 쉼터 위로 플루메리아(Plumeria) 꽃잎이 친구 하자며 톡 하고 떨어질 때도 있다.

　플루메리아는 하와이에서 가장 흔하게 보는 꽃이다. 꽃목걸이인 레이를 만들 때 많이 사용된다. 멕시코, 카리브해에서 왔지만, 하와이 토양, 바람 등의 기후와 잘 맞는지 널리 퍼지고 퍼져 이제는 하와이 대표 열대 꽃으로 여겨진다. 부드러운 데다 달콤한 향기도 있고, 색도 흰색부터 노랑, 주황, 빨강 등 여러 가지로 저마다의 오묘한 매력을 뽐내는 꽃이다.

　느긋하게 쿠히오 비치파크(Kuhio Beach Park)를 향해 걷고 있었다. 와이키키 비치를 지키는 볕은 강했지만, 파란 하늘과 맑은 바람이 걸음마저 가볍게 했다. 비치에서는 파도 소리와 사람들의 웃음기 가득한 소리가 멜로디처럼 들려왔다. 연못 앞을 지나는데, 마주 오는 커플이 유독 눈에 들어왔다. 외국인의 나이는 쉽게 가늠이 되지 않지만, 생기발랄한 기운이 마치 20대의 봄 같았다. 이제 막 여행을 시작한 모양인

지 수영복 차림의 가벼운 모습이 아니었다. 화이트 톤으로 캐주얼하게 옷을 맞춰 입은 모습이 예뻐 보였다. 그러던 중 남성이 주변을 두리번 거리며 걷고 있는 것이 느껴졌다. 한눈에도 무엇인가 찾고 있다는 걸 알아챘다. 그는 플루메리아 꽃잎을 찾고 있던 모양이다. 그때였다. 신의 장난인 듯 연못으로 깨끗한 노란색 플루메리아 꽃잎이 톡 하고 떨어졌다. 남자가 물 위로 살포시 떨어진 꽃잎을 주워, 입고 있던 흰색 셔츠에 물기를 쓱 닦아내고 여자에게 건넸다. 남자 친구가 꽃잎을 찾아줄 거라고 기다린 여자는 꽃을 받자마자 콧잔등에 갖다 댔다. 새초롬한 미소가 얼굴에 번진다. 하와이 바닷바람의 상쾌함과 달콤함이 공존하는 그 꽃잎의 향은 세상 무엇보다 진한 사랑의 향기였을 테다. 남자의 얼굴이 꽃잎처럼 활짝 피었다. 플루메리아 꽃말이 '축복받은 사람' '당신을 만나 정말 행운이야'라고 한다. 그들의 행복한 모습을 보게된 건 우연한 행운이었고, 그들의 사랑은 축복일 것이다. 이들의 모습이 가둘 수 없는 향기처럼 오래 떠오른다.

Mohala i ka wai ka maka o ka pua
Unfolded by the water are the faces of the flowers.
꽃의 얼굴은 물을 머금고 피어납니다.

하와이에서는 플루메리아꽃 모양의 헤어핀을 쉽게 구할 수 있습니다. 다만 이를 활용할 때 주의해야 할 점이 있습니다. 왼쪽 귀에 꽂으면 '기혼' 오른쪽 귀에 꽂으면 '미혼'을 뜻합니다.

알로하 타임

'하와이를 한 번도 안 가본 사람은 있어도, 한 번만 가본 사람은 없다'라고 한다. 하와이관광청 통계를 보더라도 하와이는 재방문하는 여행객 비율이 높다. 하와이를 여러 번 여행하는 이들은 하와이의 느긋함이 좋다고 하면서도 때론 왜 빨리빨리 해주지 않냐며 볼멘소리를 하기도 한다. 당일 택배도 생겨난 한국의 빠른 시스템을 생각하면 속 터지는 거야 백번 천번 이해한다. 하지만 우린 여행 중이다. 로마에 가면 로마법을 따르라고 하지 않나. 하와이에 왔으면 하와이 법에 따라야 하는 게 인지상정이다.

오아후에서는 두 동짜리 아파트 공사를 하는 데 2~3년이 걸린다. 한국 같으면 1년이면 끝날 일일 텐데 말이다. 그래도 여긴 하와이 아닌가! 하와이니까 당연히 그럴 수 있다고 여긴다. 하와이의 시간은 다르게 흘러가니까. 하와이는 미국 본토의 여느 주와 달리 서머타임이 없다. 하와이 표준시를 사용한다. 종종 여행 투어 상품이나 서류를 볼 때 HST(Hawaii Standard Time)라고 쓰인걸 볼 수 있는데, 이게 바로 하와이 표준시다. 통상적으로 미국은 9개의 표준 시간대에 걸쳐 있고, 여러 주는 태평양 표준시를 따르지만, 하와이는 하와이만의 표준시를 쓴다.

한 번은 호놀룰루 공항에서 렌터카통합센터로 이동하는 셔틀을 탑승했다. 공항 내 두 개의 터미널을 순환해서 렌터카통합센터로 가는 셔틀이다. 먼저 탑승해서 자리에 앉았다. 작은 버스는 1분도 되지 않아 7~8명의 여행객과 그보다 더 많은 수하물 가방으로 채워졌다. 캘리포니아에서 온 손님이 기사에게 "센터까지 얼마나 걸려요?" 하고 묻자, 기사는 기분 좋은 얼굴로 "1분"이라며 답했다. 그렇게 대화가 끝나는가 싶더니 다시 손님이 "그건 알로하 타임 아닌가?" 하고 웃었다. 그 순간 주변에 함께 있는 사람들 모두 살포시 미소를 지었다(렌터카센터에 도착한 건 3~4분 뒤였다). 또 한 번은 로컬 카페 토크 카이무키(Talk Kaimuki)에 친구들과 갔을 때다. 점심 식후라 이미 앞에 대여섯 팀 정도 대기하고 있었다. 그날 커피를 주문하고 픽업하기까지 30분이 걸렸다.

맞다. 알로하 타임(Aloha Time). 하와이에서는 서두르는 게 없다. 참 느긋하다. 게다가 스몰토크를 즐기는 이들 아니던가. 카페에서 커피 한 잔만 주문하고 끝나는 게 아니라 날씨며 안부까지 챙긴다. 처음에는 단골인가? 서로 알고 지내는 사람인가? 싶었지만 이내 곧 이들 문화라는 걸 알게 되었다. 음식을 주문할 때도 한국 여행자들은 손을 들거나 웨이터를 부르지만, 아무리 불러본들 곧 올 거라고만 하고 함흥차사다. 결제를 위해 계산서 하나를 받는 데도 시간이 필요하다. 성격 급한 사람이라면 몇 번이나 속이 터질 시간이다.

처음에는 세월아 네월아 하는 모습이 답답하기 짝이 없었지만, 어느 순간 익숙해진 것인지 이제는 그 시간을 즐기게 되었다. 그들이 무슨

이야기를 나누는지 슬쩍 귀동냥도 해보고. 사실 알로하 타임에 적응하기까지 딱 한 번 볼 빨개지는 경험이 있었다. 몰로카이섬에 있는 한 카페에 들렀을 때 일이다. 커피를 주문하고 이곳저곳 둘러보다 필요한 사진을 찍고 궁금한 걸 물어보고 서둘러 빠져나오려던 찰나 그곳에 있던 한 사람이 말을 건넸다. "여행 왔어?" 내가 여행자란 걸 어떻게 알았을까?

"여기 있는 사람은 아무도 서두르지 않는데, 너는 그렇지 않잖아?"

나무에서 떨어지는 망고에 한 방 맞은 기분이었다.

'빨리빨리'가 좋은 순간도 있지만, 적어도 하와이에서는 아니라는 배움을 그날 얻었다. 조금 천천히, 한 박자 쉬어가며, 바람도, 풍경도 느긋하게 담아 봐야 하는 곳. 알로하 타임은 그렇게 천천히 걷는 법을 가르쳐준다. 내가 마주한 시간을 천천히 오래 즐기는 곳. 그렇게 그들 삶에, 그 자연에 한 걸음 더 다가간다. 이곳에서 느긋해지는 법을 배운다.

Slow down, breathe deep, and let the island rhythms guide your steps
천천히, 깊게 숨 쉬며 섬의 리듬에 발걸음을 맡겨보세요.

Part 3

천천히, 느리게 머물다

'신이 세상을 창조하다 마지막 순간에 천국을 만든다는 걸
깜빡한 것을 깨닫고 만든 곳, 그곳이 바로 하와이다'라는 말이 있다.
그 천국에서 새롭게 시작할 힘찬 기운을 맞이한다.

와이키키 동상과 함께하는 하와이 역사 여행

　와이키키를 걷다 보면 여러 개의 동상을 마주친다. 동상의 주인공은 하와이 역사에서 한 페이지씩 장식한 이들이다. 과거의 영웅이 오늘의 와이키키를 지킨다. 모든 사람이 각자의 사연을 가진 것처럼, 이들도 자기만의 사연을 가지고 있다.

　휴양지의 월드클래스라 불리는 와이키키 중심도로 '칼라카우아 애비뉴(Kalākaua Avenue)'는 왕의 이름을 딴 것. 지명이나 도로 명칭에 사람 이름을 붙이는 건 한국이나 하와이나 매한가지인가 보다. 지금은 미국의 50개의 별 가운데 하나이지만, 미국과 합병하기 전 하와이는 오랜 기간 왕국이었다. 데이비드 칼라카우아(David Kalakaua)는 하와이 왕국의 7대 군주이자 하와이의 마지막 왕이다. 칼라카우아 왕은 하와이 문화 부흥 및 외교 활동에 박차를 가한 인물로 평가된다. 섬 전체의 문화 르네상스 시대를 열었는데, 단적으로 선교사들이 금지했던 훌라를 부활시킨 인물이기도 하다. 하와이 대표적인 훌라 행사, 훌라 올림픽이라 불리는 '메리 모나크 페스티벌(Merrie Monarch Festival)'도 칼라카우아가 되살린 것으로, 하와이 정체성에 대한 자부심을 기리는 행사이다. 그뿐만 아니라 하와이 전통연회, 루아우가 다시 선보이게 된 것

도 칼라카우아 덕이다. 유쾌한 군주로 회자되듯이 와이키키가 시작되는 지점에 데이비드 칼라카우아가 환영하는 듯 늠름한 모습으로 서 있다. 와이키키에 있는 다른 동상과 달리 우뚝 솟아 있어 고개를 들고 올려다본다. 281일 동안 세계 일주를 한 최초의 왕이자 국가 원수인 그를 기념하는 거리에 일 년 내내 세계의 많은 이들이 모여든다. 그가 원했던 자랑스러운 하와이로 말이다(기독교 선교사들이 1820년 섬에 도착하면서 이들 지역 문화와 신앙을 억압함에 따라 훌라를 비롯해 다양한 전통문화를 금지한 바 있다).

칼라카우아 애비뉴를 따라 걷다 보면 야자수 나무와 서프보드 사이 언제나 친근함을 느끼게 하는 동상 하나가 있는데, 바로 조나 쿠히오 칼라니아올리 왕자(Prince Jonah Kūhiō Kalaniana'ole) 동상이다. 실제로도 나지막했을까, 눈을 마주치며 그런 생각을 해본다. 프린스 쿠히오라고도 불리는 이는 왕국이 사라지고 하와이를 대표해 미합중국의회에서 의원으로 활약한 최초의 왕자이다. 하와이 문화 보존, 원주민 권리 옹호, 하와이 정착법 옹호를 위해 일생을 바쳤다. 하와이 주민을 위한 진정한 왕자로 인정받을 뿐만 아니라 큰 영향력을 끼친 운동가이자 정치가였다는데, 자주 봐서 익숙한 탓일까, 친밀감을 느낀다. 서핑을 처음 알린 것도 쿠히오 왕자와 그의 형제들이다.

쿠히오 동상과 쿠히오 비치를 지나 다이아몬드 헤드 방향으로 걷다 보면 넓은 공원이 나오는데, 이 공원 주인은 바로 퀸 카피올라니(Queen Kapi'olani)이다. 하와이에서 가장 넓고 두 번째로 오래된 공원이다. 끝없이 펼쳐지는 푸르름이 마음에 평안을 준다. 공원 옆에 그녀의 동상이 있는데, 와이키키 초입을 남편인 칼라카우아가 열고 있다면, 와이키키를 끝맺는 건 그의 아내인 카피올라니 왕비의 몫인가 보다. 칼라카우아가 이 공원의 이름을 아내 이름을 따서 명명했는데, 그 옛날에는 폴로 경기장으로 사용되었다. 1877년 이 공원을 하와이에 헌정했을 때나 지금이나 크게 달라진 게 없는 풍경이다. 하와이 카메하메하 왕가의 마지막 직계 후손이자 자선가였던 프린세스 베르니스 파우아히 비숍(Princess Bernice Pauahi Bishop)은 로얄 하와이안 센터(Royal Hawaiian Center), 하와이 왕국의 왕위를 계승할 마지막 상속자였던 프린세스 카이올라니(Princess Ka'iulani) 동상은 프린세스 카울라니 트라이앵글(Princess Ka'iulani Triangle) 공원에 있다.

서울 광화문에 이순신 장군, 세종대왕이 있는 것처럼, 와이키키 곳곳에도 하와이 인물이 있다. 여행자들이 얼마나 관심을 가질지는 미지수지만, 와이키키를 지키고 있는 이들 모습에 하와이도 역사가 있다는 걸 잠시 생각해 보자. 지금은 즐길 거리로 넘쳐나는 이곳이 1450년에는 오아후의 행정 중심지였고, 1794년엔 전투의 무대였다. 1795~1796년에는 하와이 왕국의 수도였으며, 1800년대는 그들의 휴양지였다. 1830년대가 되어서야 외국 관광객들이 방문하기 시작했고, 1860년대 도로가 건설되고, 1901년에 모아나 서프라이더(Moana Surfrider) 호텔이 문을 열고 부유한 유럽 손님을 맞았다. 이런 역사를 업고 와이키키는 오늘날 하와이 관광 산업의 중심이 되었다.

알로하 오에와 로얄 하와이안 밴드

이올라니 궁전

하와이를 배경으로 한 드라마 중 대표적인 작품은 「하와이 파이브 오(Hawaii Five‐O)」이다. 1968년부터 1980년까지 시즌 12가 제작되었다. 이 드라마를 모르는 사람도 주제곡을 들어보면 '아~ 이 곡!' 할 정도로 한 번쯤 들어봤을 리듬이다. '빠빠빠빠~빠~빠~' 하는 멜로디로 응원가나 TV 예능에서 출발 장면의 시그널로 자주 사용됐다. '파이브 오'는 하와이 주지사가 직접 조직한 하와이주 경찰의 정예 수사팀으로 팀원들 사무실이 있는 장소가 이올라니 궁전이다. 그래서 이올라니 궁전(Iolani Palace) 전경이 자주 등장한다.

하와이 왕조의 마지막 왕인 칼라카우아와 하와이 최초이자 유일한 여왕이었던 릴리우오칼라니 남매가 살던 곳이 미국 유일의 궁전인 이올라니 궁전이다. 미국식 프렌치 양식으로 1882년 칼라카우아 왕이 건립한 궁전인데, 그는 1891년 샌프란시스코 방문 중 사망해 시신으로 돌아왔고, 마지막 여왕이 즉위해 2년간 궁전에서 생활한 바 있다. 당시 하와이는 미국과 유럽 출신 사업가들의 정치적 압력과 갈등으로 어지럽고 복잡했다. 그들은 하와이 왕국을 정복하고 미국 영토로 편입하기 위해 온갖 일을 스스럼없이 했고, 그녀는 하와이 국민의 권리와 주권을 지키려 발버둥 쳤다. 그들의 쿠데타로 강제 퇴임 당하고 하와이는 미국에 병합되었으며, 그녀는 궁전 방 한 칸에 감금된다. 음악에도 재능이 있던 여왕이 이때 만든 곡이 '알로하 오에(Aloha Oe)'이다. 하와이 왕국이 멸망한 후 나라 잃은 여왕의 슬픈 마음이 구구절절 담겼다(한국의 '아리랑' 같은 곡이다). 하와이 왕족들은 음악에 조예가 깊었는데, 실제로도 이올라니 궁전 2층에는 뮤직룸(Music Room)이 있다. 작곡, 연주, 음악 감상과 노래를 즐겨듣는 왕실의 모임 장소였던 셈이다.

'검은 구름 하늘을 가리고 이별의 날이 왔도다 다시 만난 날 기대하고 서로 작별하여 떠나가리 알로하 오에 알로하 오에 꽃피는 시절에 다시 만나리 알로하 오에 알로하 오에 다시 만날 날까지 / 들려오는 저 물새 소리도 이별을 서러워하고 날마다 가는 갈매기 떼들 우리의 작별을 슬퍼하니 알로하 오에 알로하 오에 꽃피는 시절에 다시 만나리 알로하 오에 알로하 오에 다시 만날 날까지.'

오아후 금요일을 좋아하는 편인데, 무료로 즐길 수 있는 프로그램이 많아서라는 이유가 한몫한다. 점심에는 음악 공연이 다운타운을 메우고, 저녁에는 불꽃놀이가 와이키키 하늘을 새긴다. 특히 정오 이올라니 궁전에서 열리는 로얄 하와이안 밴드(Royal Hawaiian Band)의 공연은 뭐랄까, 마치 영화의 한 장면 속으로 걸어 들어간 듯한 기분을 느끼게 한다. 칼라카우아 왕의 즉위식이 거행된 '코로네이션 파빌리온(The Coronation Pavilion)'의 돔형 정자 앞, 세월을 가늠하기 힘든 코아나무 한 그루. 그 아래 로얄 하와이안 밴드 무대가 만들어진다. '밴드'라는 명칭이 이들 존재를 다소 낮추는 것 같은 느낌이 없지 않은데, 사실 미국에서 가장 오래되고 유일한 시립 오케스트라이다. 카메하메하 3세가 1836년 창단했는데, 군주제 시대일 때는 명목상 군악대이기도 했고, 릴리우오칼라니가 만든 '알로하 오에'를 미국 본토에 처음 소개한 밴드이기도 하다. 예나 지금이나 하와이주 행사, 퍼레이드 등에서 연주하며 하와이에서는 없어서 안 될 주요 기관이 되었다.

처음 공연을 보러 갔던 날, 눈앞에 펼쳐진 모습이 생경했다. 여행자처럼 보이는 이들은 한쪽에 마련된 의자를 직접 하나씩 들고 와 자리를 폈고, 현지인으로 보이는 이들은 잔디에 자리를 깔고 어디든 앉았다. 의자에 앉아 샌드위치를 먹는 이들도, 자리에 앉아 도시락을 먹는 이들도, 그리고 잔디에 아무렇지 않게 누워 잠을 청하는 이들도 음악회 앞에 다양한 청중의 모습이 낯설었다. 공연 시간은 문제가 되지 않는 듯, 좀 늦었다고 해서 뛰는 사람은 없었다. 한국 여행자들이 알만한 곡이라고는 한 곡도 없다. 그나마 잘 알려진 '알로하 오에'라도 연주해

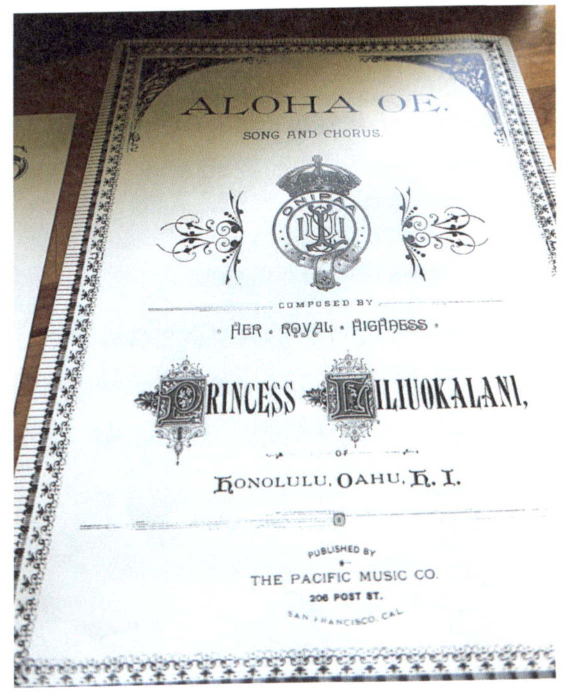

주면 좋으련만, 그건 내 마음속 멜로디일 뿐이다('알로하 오에'는 한국 영화 「부산행」 OST로 사용된 바 있으며, 극 중 마지막 부분 수안 역이 부른다).

누군가 사회를 봤고, 지휘하고 연주하고 노래를 부르고 훌라를 춘다. 바람이 머릿결에 닿았다. 바람결에 음표가 뭉글뭉글 녹아든 듯, 오선지 위 음표가 하늘 위로 둥둥 떠다니는 듯했다. 백발의 할머니는 지그시 눈을 감았고, 흑인 할아버지는 뚫어져라 공연을 바라봤다. 공연장은 시작한 지 얼마 되지 않아 금세 사람들로 가득 메워졌다. 이들의 공연은 피아니시시모(Pianississimo, 아주 약하게)로 시작했음에도 불구

하고 포르티시시모(Fortississimo, 아주 강하게)로 다가왔다. 테너의 목소리는 주변의 소음을 잠재울 정도로 좋고, 훌라 댄서의 우아한 몸짓은 잔디마저 춤추게 하는 거 같았다. 지휘자는 몸에 힘을 뺐음에도 손짓의 기운만큼은 강했다(하와이 전통음악 공연에서 훌라는 음악과 함께 이야기를 전달하는 중요한 역할을 하기에 늘 붙어 다닌다).

첫 공연의 감흥에 취해버린 나는 방문할 때마다 금요일이 되면 이올라니 궁전을 찾게 되었다. 그리고 사람들에게 이 공연을 꼭 한 번 경험해 볼 것을 적극 추천한다. 언젠가 한 번은 하와이 여행하며 사귄 윤미 언니, 언니 딸 지현이와 점심으로 로코모코를 포장해서 음악회에 갔다. 어학원에서 공부 중이던 중학교 2학년 지현이는 공연을 다 보고 나서 "이모, 진짜 하와이에 와서 힐링한 순간이에요"라고 배시시 웃으며 공연 본 소감을 건넸다.

하와이의 수려한 경관도 좋지만, 가끔 이렇게 하와이의 깊숙한 곳을 들여다보면 더 진한 감동이 물밀듯 다가오는 순간이 있다.

아름다운 계곡들, 장엄한 산들, 비옥한 평야를 가진 오아후섬은 내 마음속에 특별한 자리를 차지하고 있습니다. 이곳은 정부의 중심지이자 내 백성들의 고향으로 우리나라 역사와 문화가 만나는 장소입니다.
– 릴리우오칼라니 『하와이 여왕이 전하는 하와이 이야기』 중

로얄 하와이안 밴드는 이올라니 궁전뿐만 아니라 카피올라니 공원 내 밴드 스탠드에서도 무료 공연을 진행합니다(일요일 오후 1시). 공연 일정은 로얄 하와이안 밴드 공식 홈페이지 rhb-music.com에서 확인할 수 있습니다.

아기 몽크씰을 만나다

샌드 아일랜드 비치

하와이에 도착한 이튿날, 뉴스에서 아기 몽크씰이 태어났다는 소식이 전해졌다. 그냥 몽크씰도 아니고, 아기 몽크씰이라니! 이미 여러 번 봤지만, 놓칠 수 없는 반가운 소식 아닌가.

하와이 몽크씰(Monk seal), 즉 몽크바다표범은 멸종위기에 처한 바다동물이다. 전체 1,570마리가 있다고 알려졌는데, 그중 오아후에 약 400마리가 있다. 1976년 11월 23일, 멸종위기에 지정되었을 뿐만 아니라, 해양포유류 보호법에 의해 보호받는 녀석이다. 이렇다 보니 비치에 몽크씰이 나타나면, 누구라도 이 녀석을 안전하게 지키려고 바쁘게 움직인다. 마치 약속이라도 한 듯 라이프가드 타워 주변에 마련된 펜스를 가지고 와 일정 거리를 유지할 수 있도록 사람과 거리를 확보한다. 작은 비치라면, 인근 호텔 가드들이 그 앞을 지키고 있는 정도이다. 여기 한 마리가 더해진 셈이니 기쁜 일이 아닌가!

하와이 여행 중 행운이 따르면 몽크씰과 만나는 즐거움을 얻을 수 있다. 와이키키 비치에서도 종종 볼 수는 있지만, 그게 아니라면 몽크씰이 자주 출현하는 비치에 직접 가는 수밖에 없다. 카에나 포인트(Ka'ena Point) 트레일 종점에 몽크씰 비치가 있다. 해변으로 나와 낮잠

을 자는 몽크씰이 유독 많은 곳이다. 하지만 이리 귀한 걸 손쉽게 보면 귀한 걸 모르는 법. 편도로 한 시간은 족히 걸어야 한다. 몽크씰이 자주 나타나지만, 항상 만날 수 있다고 보장할 수는 없다. 모든 만남에는 인연이 있어야 하지 않던가.

거친 물에서 뛰는 개처럼 보인다고 해 고대 하와이안들은 몽크씰을 '거친 바다를 달리는 개'라고 했다. 어른 몽크씰은 진회색을 띠지만, 새끼일 때는 검은색이다. 다른 바다표범과 달리 몸에 털이 없다. 태어날 때 13킬로그램 정도라고 하는데, 어미의 젖을 먹는 5~6주 내 200킬로그램까지 자란다. 한 번 태어나면 25~30년 살지만, 하와이 사람들은 크기만으로도 아이인지 청소년인지 성인인지 구분한다.

새끼 몽크씰이 태어나면, 하와이주는 분주해진다. 2023년 카이마나 비치에 나타난 어미와 새끼 몽크씰을 보호하기 위해 하와이 국토자원부는 안전 펜스를 설치하고 7주간 비치를 폐쇄했다. 수유 기간 해변을 찾는 이들을 위한 조치이다. 이 기간 동안 24시간 경찰이 상주하기도 한다.

뉴스를 보고 며칠 뒤 새끼 몽크씰을 보러 샌드 아일랜드 비치(Sand Island Beach)를 찾았다. 이곳도 예외는 아니다. 안전 펜스가 설치되었고, 자원봉사자가 있었다. 주위로 카메라를 들고 찾아온 이들 몇몇이 펜스 주변으로 그들의 모습을 담고 있었다. 카메라를 들고 자원봉사자 근처로 가니 "어미는 막 태어난 새끼를 보호하려는 습성이 매우 강하다"라며 "바다에서 수영을 즐기는 관광객을 공격한 적이 있으니 각별히 주의한다"라고 설명했다. 언제까지 여기에 있냐는 질문에 "수유 기간, 그러니까 앞으로 약 한 달 정도는 이동 없이 이 자리에서 수유할 거야"라고 덧붙였다.

아기 몽크씰은 어미 곁에 꼭 붙어 잠을 청하고 있었다. 처음에는 검은색의 새끼가 눈에 잘 띄지 않았다. 진회색인 엄마 곁에 얼마나 바짝 붙어 있던지 한 몸처럼 보였다. 한참을 지켜봐도 꿈속 세상인 듯 보여 걸음을 돌렸다. 며칠 뒤 다시 만나러 갔을 때 아기 몽크씰은 엄마 곁을 맴맴 돌며 애교를 부리고 있었다. 엄마에게 놀아달라고 칭얼거리는 아이 모습 같았다. 그 마음을 엄마 몽크씰이 알아챘는지 움찔움찔 움직여 물에 들어가 첨벙첨벙하는데, 마치 걸음마를 연습시키는 모습과 흡사해 보였다. 누가 물에 사는 녀석이 아니랄까 봐 물에서 어찌나 활발하게 놀던지 보는 내내 입가에 미소가 지어졌다. 이제 곧 잠수해서 먹이를 구하는 것도 배우겠지! 아기 몽크씰에게 앞으로의 바다는 어떤 세상이 될지 궁금해진다. 그저 안전하고 자유롭게 삶을 살아가길, 그러다 또 언젠가 하와이 어느 바다에서 성장한 모습으로 만날 수 있기를 기대한다.

He wa'a he moku, he moku he wa'a.

카누가 섬이고, 섬이 카누입니다.

(바다와 생명, 사람과 자연이 하나라는 뜻)

하와이 우정 여행

판다 익스프레스 & 마우이 브루잉 컴퍼니 와이키키

하와이에 체류해 있으면 종종 친구나 지인이 여행하러 입국하는 경우가 있다. 하루 이틀쯤은 함께 여행하기도 하고, 시간 맞추는 게 힘들면 밥 한 끼, 커피 한 잔은 꼭 한다. 그해는 유독 더 특별했다. 오랜 친구들이 순차적으로 입국해 같이 여행하게 된 것. 한 번은 고등학교 때부터 절친인 혜진 가족이, 그 여행이 끝나갈 즈음 워킹맘이던 소연이가 홀로 날아왔다. 고등학교 친구들이라 꽤 오래된 관계이다. 야간자율학습 시간에 땡땡이치고 H.O.T 콘서트에 쫓아다니던 우리가 이번에는 태평양을 건너 함께하다니! 여행을 준비하면서도 믿기지 않았다.

친구와의 여행은 기존의 여행 스타일과는 전혀 달랐다. 늘 렌터카는 승용차면 충분했는데 SUV 승합차를 빌렸고, 6살 아이가 있어 부스터를 장착했다. 스튜디오 스타일의 숙소가 아니라 방 두 개와 거실이 있는 에어비앤비로 예약했다. 혜진이 가족은 오아후 여행이 처음이라 오아후 대표 여행 코스대로 투어하고, 맛집보다는 먹고 싶은 메뉴를 근거리에서 찾았다. 10여 년을 뉴욕에서 살았던 토니(혜진의 남편)는 하와이 오기 전 버킷리스트를 보내왔는데, '판다 익스프레스(Panda Express)'와 미국식 쌀국수를 꼭 먹어야 한다고 했다. 그의 요청대로 첫

MAUI BREWING CO
GREAT FOO
CRAFT BE
LIVE MUS

끼는 판다 익스프레스에서 해결해 추억을 선물했다. 어른의 여행만큼 아이의 여행도 중요했는데, 그때 처음 알게 된 사실은 아무리 멋진 풍경이라 해도 아이들에겐 무용지물이라는 거다. 그것보다 더 즐거운 건 모래놀이였고, 투명할 만큼 깨끗한 바다보다 더 기억에 남는 건 숙소 수영장이었다.

혜진과 소연의 여행은 딱 하루가 겹쳤다. 두 친구 모두 같은 그룹의 모임이라 불편할 게 없었다. 오히려 남편과 아이를 둔 채 자유부인 시간을 만끽했다. 옷을 맞춰 입고 와이키키에서 우정 촬영을 신나게 했고, 끝나고 와이키키 펍 중 좋아하는 '마우이 브루잉 컴퍼니 와이키키(Maui Brewing Company Waikiki)'에서 피맥을 즐겼다. 피자에 생맥주 3잔, 한국에서도 흔하게 먹을 수 있는 음식을 앞에 두고 각자 생각에 잠겼다. 펍에서 흘러나온 라이브 음악 소리, 그리고 칼라카우아 애비뉴를 메우는 자동차 소리와 사람들의 웅성거림이 잠시 테이블 위를 채웠고, 몇 초 뒤 우리 입 밖으로 튀어나온 말은 똑같았다.

"우리가 와이키키에서 이러고 있다니!"

교복을 입고 떡볶이를 먹으며 희희낙락했던 우리가, 경상북도 칠곡군 왜관읍이 아니라, 미국 하와이 와이키키라니. 성공한 게 아닌가. 그 순간 다시 고등학생으로 돌아간 듯했다. 숙소로 돌아오기 위해 매장에서 나와 영상을 찍자며 셋이서 어깨동무하고 와이키키 한복판에서 뱅글뱅글 돌았고, 우버를 기다리는 동안 한바탕 쏟아지는 비를 맞으면서도 시원하다며 호들갑을 떨었다.

하와이를 좋아하고, 여행이 늘어나다 보니 꿈꿔보지도 못했던 일이 눈앞에 가득 펼쳐진다. 고등학교 교실에서처럼 우리의 1박 2일은 와이키키에서도 반짝였다. 하와이 덕분에 친구들과의 특별한 순간이 한 장 더해졌다.

Friendship is the lei that adorns our hearts with aloha.
우정은 우리 마음을 알로하로 장식하는 레이입니다.

노스쇼어의 맛집 옆 맛집

파알라 카이 베이커리 & 파알라 카이 미니 마트

여행하다 보면 우연이 주는 낯설지만 반갑고 소소한 즐거움이 있기 마련이다. 거리를 걷다 무심코 들어간 허름한 카페의 커피 맛이 훌륭하거나, 순간적으로 담은 사진이 기가 막히게 멋질 때, 목적지를 향해 가는 것이 아니라 우연이 말을 건네는 시간, 그 문을 열었을 때 펼쳐지는 행복이 오래 기억에 남기도 한다.

출장을 이유로 취재 여행을 하면 대부분 사전 조사가 바탕이 되지만, 여행에서는 조금 다르다. 꼭 가야 하는 곳이 아니라면, 발길 닿는 대로 가보는 편이다. 비슷한 시간대에 노스쇼어 카우코나후아 로드(Kaukonahua Rd)를 반복해서 지나다녔다. 그런데 도로 내 많지 않은 매장 중에 유독 한 매장 앞에만 사람이 붐비는 게 아니겠는가. 우연히 한 번만 봤다면 그러려니 했을 텐데, 꽤 자주 사람들은 줄을 서서 그 매장에 들어가곤 했다. 궁금증이 폭발하기 전 '도대체 뭐길래?' 하고 찾아갔다. 물론 우리가 찾아간 날도 앞에 대여섯 팀이 대기해 있었다. 파알라 카이 베이커리(Paalaa Kai Bakery). 발음도 조금은 어려운 베이커리다. 빵집에 이렇게 줄을 서서 들어가다니! 넓지 않은 매장이었지만 쇼케이스에 진열된 다양한 종류의 빵과 또 하나의 쇼케이스에 유독 가득 채워진 파이 비슷한 모양의 디저트가 시선을 끈다. 아니 '빵이 얼마나 맛있으면 줄을 이렇게 서서 먹는 거야?' 생각할 만큼 익숙한 것 천지였다. 로컬과 여행객들이 각자의 취향에 맞는 빵을 주문하는 것 같아 유심히 지켜보니, 그 손님들이 빼놓지 않고 주문하는 게 있었다. 바로 쇼케이스 하나를 가득 채운 파이였다. '스노우 퍼프(Snow Puffy)'라는 이름의 디저트다. 얇고 바삭한 페이스트리 속에 커스터드 크림, 슈거 파우더와 초콜릿의 조화가 한눈에도 '나 한입 먹으면 입과 손에 다 묻겠지' 하고 말하고 있다.

그래도 유혹을 물리칠 수가 없어 말라사다와 함께 구매하고, 매장 앞 의자에 앉아 바로 상자를 열었다. 한입 베어 물음과 동시에 입 주변으로 슈거 파우더가 잔뜩 묻었지만, '어! 이 겉바속촉은 뭐지?' 하며 순식간에 하나를 다 먹었다. 입에 바-사삭 하고 들어가 스스르 녹아버리니! 커스터드 크림이 하나도 느끼하지 않았고, 목에 걸리는 빵 부스러기도 없다. 달달한 디저트는 그닥 선호하지 않는 남편도 게 눈 감추듯 두 개나 먹었다. 먹기 전에는 입이고 손에 묻는 게 싫었는데, 이건 그렇게 먹어야 제맛인 음식이었던 거다. 이후로 노스쇼어에 있는 내내 일주일에 한 번은 사 먹었다. 스노우 퍼프는 1973년부터 이 베이커리에서 만들어 온, 이곳에서만 만날 수 있는 디저트라고 하는데, 어쩌면 맛이 없다는 게 이상한 일인지도 모르겠다.

몇 해 뒤 가이드북 취재차 빵집을 찾았다가 바로 옆에 붙어 있는 마트에 들어갔다. 음료수를 사기 위해서 문을 열었는데, 진열장에 군침 돌게 하는 김밥, 무스비, 잡채 등 각종 음식이 놓여있다. 그것도 아주

따뜻하게 먹을 수 있도록 보온까지 유지한 채로 말이다. 노스쇼어까지 와서 한식을 베이스로 한 음식을 만난 것만도 감사한데, 계산대로 걸어 나오시는 분이 세상에, 한국 교포분 아닌가. 파알라 카이 미니 마트(Paalaa Kai Mini-Mart)는 한국분이 운영하는 매장이었다. 사야 할 음료를 뒤로하고 반가운 마음에 판매하는 음식과 관련해 이것저것 물었다. "로컬들은 운전하거나 일 중에 간편하게 김밥 먹는 경우가 많아서, 한 입에 먹을 수 있도록 김밥 한 줄이 아니라 크기를 줄여 판다"라고 설명해 준다. 파알라 카이에서 또 이런 우연이라니! 건물에 몇 개 없는 매

장에서 우연에 우연을 더하니 이 동네가 더 특별하게 느껴진다.

In Hawaii, we don't say 'goodbye', we say 'a hui hou' - until we meet again.
하와이에서는 '굿바이'라는 말을 하지 않는다. 우리는 '다시 만날 때까지'라고 인사한다.

40분 거리의 황홀, 코올리나 선셋

코올리나 나이아 라군

매직 아워(magic hour), 마법의 순간이 펼쳐지는 건 잠깐이다. 세상에 존재하는 언어로 담아내기에 부족한 색의 아름다움이 눈앞에 펼쳐지는 시간 말이다. 노란빛에서 보랏빛으로 물드는 색의 향연이 하와이 하늘을 휘몰아친다. 구름이 많은 날은 그런대로, 구름 한 점 없는 말간 날도 그런대로, 하늘이 예쁜 날은 그런 날대로, 비가 오는 날은 또 그런대로. 어떤 구름과 하늘이든지 하와이 선셋의 황홀함을 막을 겨를이 없다.

선셋 시간보다 선셋 후에 훨씬 더 풍부하고 부드러운 색감의 하늘을 만날 수 있어서 바다 뒤로 해가 쏙하고 물러난다고 해서 자리를 박차고 일어나면 안 된다. 누군가 서둘러 돌아서면 속으로 '더 예쁜 게 남았는데' 아쉬워하며 조용히 기다린다. 별친구가 하나둘 고개를 내밀 때까지 모래에, 잔디에 앉아 오묘하게 변하는 하늘의 모습을 넋 놓고 바라본다. 예술 작품이 따로 없는 순간이다. 게다가 그 장소에 아무도 없이 오로지 나 혼자라면, 황홀함은 배가 된다. 부드럽게 내려앉은, 밤을 부르는 그 컬러가 주는 위안이 마음을 차분하고 따뜻하게 채우는 거 같다.

와이키키 숙소에 앉아 가만히 고민한다. '선셋 보러 40분 정도 운전해서 코올리나에 갈까, 말까?' 와이키키에서 선셋을 즐겨도 되지만, 무슨 이유인지 와이키키를 벗어나고 싶었다. 벗어나고 싶으면 이유 불문하고 차량 시동을 켜면 될 일이지만, 왜 고민을 한 걸까. 한국에 있는 남편에게 고민 중이라며 메시지를 보냈더니 물리적 거리가 민망해질 만큼 빠른 속도로 답장이 왔다. '뭘 그런 걸 고민하고 있어. 한국에 있는 것도 아니고 차가 없는 것도 아닌데. 40분만 움직이면 되잖아!'

맞다. 비행기를 타고 가야 하는 거리도 아니고, 택시나 우버를 이용해야 해서 비용을 걱정해야 하는 것도 아닌데, 쓸데없는 고민을 하고 있었다. 재빠르게 시동을 켜고 코올리나로 향했다. 다행히 퇴근 교통 체증 심한 구간이 길지 않아 큰 지체 없이 코올리나에 도착했고, 코올리나에서 제일 좋아하는 선셋 뷰가 있는 나이아 라군(Naia Lagoon)으로 갔다. 주차장에 차를 세우고 비치 쪽으로 나가 안부를 전한다. 시원한 날씨에 맞춰 산책이나 조깅하는 이들이 드문드문 보인다. 다시 주차장 방향으로 움직여 인도에 우두커니 서서 붉게 물들기 시작한 하늘을 바라본다. 바다에서 보는 선셋은 아이스크림 한 스쿱이 물에 퐁당 빠지는 것처럼 해가 사라지는 매력이 있지만, 바다에서 적당한 간격을 두고 야자수와 함께 펼쳐지는 선셋 전경은 더 큰 만족감을 준다. 서로 누가 더 큰지 키재기를 하는 듯 늘어선 야자수, 그 사이로 불그스름한 빛깔이 점점 색칠된다. 저 멀리 태양이 쓱-싹 쓱-싹 야자수 나무 위로 붓질을 하듯 가라앉는다. 핑크에서 오렌지색이 되고 다시 붉어졌다가 보랏빛으로 옷을 갈아입는다. 꼭 하늘 위에서 런웨이를 하는 것 같다. 보고 있으니 마음이 평온을 너머 뭉클해진다.

오아후 코올리나 지역과 노스쇼어의 선셋은 다른 지역보다 유독 더 그림 같다. 끝난 사랑도 다시 시작할 수 있게 하는 마법이라고 할까. 쉽게 올 수 있는 거리를 두고 나는 왜 고민을 했나. 그런 고민은 소용이 없었다고, 황금빛 코올리나 선셋이 답한다.

A Hawaiian sunset is a love letter from nature,
reminding us of its infinite beauty.
하와이의 석양은 자연이 보내는 러브레터로, 그 무한한 아름다움을 상기시켜 줍니다.

코올리나 지역에는 인공 라군이 4곳 있습니다. 4개의 라군은 산책로로 모두 연결되어 있어 산책 및 조깅 코스로도 훌륭하답니다. 라군마다 샤워대, 화장실, 주차장 같은 편의시설도 마련되어 유아동을 동반한 가족 여행자, 조용하게 쉬고 싶은 여행자들에게 추천합니다.

하와이에서 무슨 미술관이냐고?

호놀룰루 뮤지엄 오브 아트

"여러분 여기 진짜 좋아요. 한 번만 꼭 가보세요!"라고 외친다고 해도 꼭 가보는 사람은 몇 명 없다는 걸 안다. 여행은, 그리고 취향은 지극히 개인적인 것으로 시작되기 때문이다. 유럽에 가면 늘 한두 곳의 미술관, 혹은 박물관은 꼭 방문해야 하는 구글 지도 속 별표가 된다. 이름만 들어도 알만한 작가, 작품명만 들어도 한 번 들어본 법한 작품, 가보는 것 자체만으로도 여행이 되는 미술관이 많기 때문이다.

오아후 내 호놀룰루 뮤지엄 오브 아트(Honolulu Museum of Art)라는 미술관이 있다. 잭슨 폴록이라는 뉴욕의 거장이 만든 추상표현주의는 유럽 중심의 미술이 미국 중심으로 전환하는 최초의 미술사조이다. 그러면서 뉴욕이 현대 미술의 메카로 자리매김한 건 사실이니 말이다. 하와이도 미국이고, 그런 미국의 미술을 만날 수 있다. 미국 미술이라고 이야기하는 것보다 유명 작가 이름을 말하는 게 더 빠를지도 모르겠다. 반 고흐 '밀밭', 폴 고갱 '타히티 해변의 두 여인', 모네 '수련'을 비롯해서 피카소, 미로, 마티스, 로댕, 칼더, 모딜리아니, 디에고 리베라 등의 작품도 있다. 쓰고 보니 다 유럽 작가들이다. 유럽 미술 작품만 있는 건 아니다. 하와이 폴리네시아, 유럽, 아시아 등 유럽 유수의 미술관

및 박물관처럼 전 세계 미술품을 총망라해 컬렉션 되었다. 6만여 점을 전시한 곳이고, 소장품만 50,000점이라고 하니 적잖은 규모는 아니다. 작품으로 여행자를 유혹하긴 싫지만, 그래도 알만한 작품이 있으면 '혹'하는 마음이 들 수 있으니 영업해 본다.

휴양지라고 생각하는 하와이에서 무슨 미술관이냐고. 휴양지이지만 이들에게도 문화는 있으니까. 현지인 시선에서 하와이의 다양한 매력을 느껴보기에 또 미술관만큼 좋은 곳이 어디 있냐고 읍소하고 싶다. 휴양지에서 좀 더 색다른 쉼을 하고 싶다면 이 미술관을 한번 호젓하게 걸어보는 거 추천한다. 입장료까지 내고 들어왔으니 이왕이면 작품도 보자. '입장료 내고 들어가는 거 싫은데, 다른 방법 없는 걸까?' 하고 고민하면 미술관 카페라도 가보자. 현지인들이 좋아하는 브런치 식당이기도 하다. 미술관 이야기를 하는데, 결국 먹는 거로 설득하고 있다.

아시아 전통 문양의 기와를 얹은 독특한 외관을 따라 몇 계단 오른다. 여기가 매표소가 맞는 건가 싶은 곳이 진짜 매표소. 옷에 스티커 한 장을 붙인다. 입장권인 셈이다. 가운데 중정이 '나 좀 반전 매력이지?'라고 말 걸어올지도 모른다. 이 중정을 사이에 두고 양편에 지중해 정원, 중국식 정원이 펼쳐진다. 그 사이 하와이 바람을 느낄 수 있고 풍광을 자연스레 만날 수 있도록 구조화되었다. 작품만큼 공간에도 애를 쓴 흔적인데, 다양한 테마 정원이 있어 숨겨진 포토 스팟 역할을 한다. 미술관을 가는 건데 또 인증사진으로 설득하고 있다니.

호놀룰루 뮤지엄 오브 아트에는 한국관도 마련되었다. 미국, 유럽, 중국 등 전 세계에 있는 미술관 및 박물관 내 독립된 한국 전시실 중 가장 첫 번째로 만들어진 한국관이다. 19세기 말 뉴욕에서 골동 상점을 운영하는 야마나카 세다지로((山中定次郎)에게 한국 미술품을 가장 많이 구입한 사람이 바로 호놀룰루 뮤지엄 오브 아트의 설립자인 '앤 라이스 쿡(Anna Rice Cooke)'이다. 1922년 미술관을 건립하고 1927년 한국관을 만들면서 자신의 한국 미술품 100점을 기증해 만든 곳이 해외 미술관 최초 한국실의 시작이었다. 뉴욕에 MoMA가 있다면, 하와이에는 HoMA가 있다. 미술관을 좋아한다면 꼭, 비가 온다면 미술관 만큼 시간 보내기 좋은 곳이 없다.

알로하 프라이데이는 한국의 '문화가 있는 날'과 비슷하다. 금요일 밤, 불꽃놀이 말고도 즐길 게 있으니, 하와이에 장기체류한다면 호놀룰루 뮤지엄 오브 아트에서 매주 열리는 HoMA Nights, 캐피톨 모던의 첫 번째, 세 번째 주 금요일의 이벤트를 즐겨보라고 추천하고 싶다. 호놀룰루 뮤지엄 오브 아트도 매주 금요일은 밤 9시까지 연장 운영을 하는데, 단순히 연장이 아니라 DJ 공연도 하고 영화 상영도 한다. 입장료를 내야 하긴 하지만.

Ma ka hana ka 'ike.

직접 실천하는 것 속에 배움이 있습니다.

입장료가 없는 미술관

하와이 스테이트 아트 뮤지엄(캐피톨 모던)

입장료 없이 가고 싶다면 또 하나의 미술관이 더 있다.

몇 해 전 하와이 스테이트 아트 뮤지엄(Hawaii State Art Museum)이라는 미술관에 갔다. 호놀룰루 뮤지엄 오브 아트가 전 세계의 작품을 총망라한 장소라면, 이곳은 하와이주의 현대 미술 작품을 소개하는 장소이다. 하와이 예술가들의 작품을 볼 수 있다는 점에서 좀 더 로컬화된 곳이다. 하와이 미술 트렌드를 읽을 수 있기도 하다. 도대체 금요일 밤 어떤 일이 미술관에서 벌어지는지 궁금했다. 불꽃놀이는 이미 수도 없이 봤으니 한 번 불꽃놀이를 못 보면 어때 하며 미술관에 갔다. 넓고 푸른 정원은 한눈에 반했다. 아치형 발코니가 멋스러웠는데 마치 궁전 같은 느낌이랄까. 궁전을 걸어 들어가듯 사뿐사뿐한 걸음으로 계단을 올랐다(실제로 이탈리아 피렌체의 다반자티 궁전Davanzati Palace을 모델로 했다고 한다). 그렇게 내 눈에 펼쳐진 장면은 수영복 패션쇼. 어디서든 런웨이를 만들 수 있다고 하지만, 미술관이 런웨이라니 신박 그 자체였다. 더 놀라웠던 점은 다른 곳에 있었다. 매체에서 접한 패션쇼 영상 속 대부분 모델과는 너무 차이가 났던 것. 다양한 신체 사이즈 모델 속에는 임산부 모델도 있었는데, '이게 가능한 일인가?' 하며 놀랐다가 '가능할 수도 있겠다!'라며 마음을 진정시켰다.

밤이지만 미술관의 조명은 꽤 화려했다. 알로하 프라이데이를 즐기기 위해 주위 모든 관공서와 빌딩이 조용했다. 미술관만 반짝반짝 빛나고 있다. 미술관 패션쇼가 꽤 진한 추억이라 최근에도 한 번 다녀왔다. 그러는 사이 미술관 명칭이 '캐피톨 모던(Capitol Modern)'으로 바뀌었다. 기획전 먼저 둘러보다 전시실 내 '인생네컷' 기계가 설치되어 있어(근데 이건 하와이에서도 인기인가!) 혼자 신나게 찍어보다 음악 소리에 이끌려 걸음을 옮겼다. 밖에서는 공연이 펼쳐지고 있었다. 로컬 밴드와 가수인 것 같은데 실력이 꽤 뛰어난 듯 들렸다. 공연은 미술관 내 조각 공원(Sculpture Garden)에서 진행되었다. 조각 공원이라고는 하지만, 대충 봐도 호텔 수영장 부지처럼 생겼다. 2024년 이곳에서 누군가 노래를 부르고 또 누군가는 악기를 연주하고 그에 흥겨운 사람들은 나와 몸을 둠칫둠칫 리듬을 타며 소위 불금을 보내는 장소이지만, 사실

150여 년 전 이곳은 하와이안 호텔(Hawaiian Hotel)이었다.

카메하메하 5세 시대 지어진 이 호텔은 훗날 로얄 하와이안(The Royal Hawaiian) 호텔의 전신이 된다. 당시에는 목조건물이었지만, 철거와 재건축을 통해 지금의 모습을 갖추었고, 그동안 건물 주인도 여러 번 바뀌었다. 육군과 해군이 사용했다가 YMCA도 거쳤고, 제2차 세계대전에는 미국 군인을 수용하고 접대하는 장소로도 활용되었다. 1990년대 또 한 번의 리노베이션을 거쳐 지금의 이름이 되었고 하와이주의 자산이 되었다. 지금도 하와이주 문화예술재단을 비롯한 주정부 부서가 함께 공간을 쓴다.

빗방울이 조금씩 떨어졌지만, 깊어지는 금요일 밤의 흥은 더 치솟았다. 2층에서 플리마켓도 열리고 있어 이것저것 구경해본다. 이런 날에 술이 빠지면 섭섭한데, 입구에서 술을 마실 수 있는 쿠폰을 구매할 수 있다. 알코올이 없어도 기분은 좋을 수 있지만, 혼자 즐기자니 약간 쓸

쓸해지기 시작해 미술관을 빠져나왔다. 미술관 방음이 이렇게도 잘 된 공간이었던가. 음악 소리가 귓가에서 쉽게 멀어져가고 미술관 앞 버스 정류장에서 들리는 바람 빠지는 듯한 버스 정차 소리가 가깝게 들려왔다.

투로와 함께 하와이 즐기기

일정 막바지에 렌터카 없이 생활하는데, 자꾸만 약속이 생긴다. 렌터카 없이 대중교통으로 가려니 한국처럼 전철이 잘 되어 있는 것도 아니고, 더 버스(The Bus)를 이용하자니 대기하거나 이동 시간이 너무 걸려서 약속 시간이 빠듯할 것 같았다. 종일 네 개의 약속이 생겼다. 노스쇼어에 가서 커피&브런치를 먹고, 다시 알라모아나 쇼핑센터에서 늦은 점심 약속이 있다. 늦은 점심 후에는 영어 과외가 있고, 수업을 마치면 카카아코에서 저녁까지. 마음은 조급하지만 이럴수록 더 여유를 가져야 한다.

차량 공유 시스템인 '투로(Turo)'를 이용해 보기로 했다. 한국의 '쏘카'와 비슷한 개념이다. 처음 이용해 보는 투로 시스템이지만 그리 어렵진 않다. 애플리케이션을 다운받고 운전면허증과 신용카드를 등록한다. 그런 다음 원하는 날짜와 시간을 설정, 차량을 선택하면 된다. 투로는 여행자가 직접 차를 픽업하러 이동해야 하므로, 이용하고자 하는 차량이 체류하고 있는 지점과 가까운 곳에 있는지 확인해 볼 필요가 있다. 숙소에서 멀지 않은 곳에 원하는 차량이 좋은 가격으로 조회되어 하루 전 예약해 뒀다(렌터카 영업소는 대부분 오후 3~4시면 문을 닫는다).

투로 픽업 장소로 가기 위해 우버를 이용했다. 젠틀하게 생긴 중년의 신사가 드라이버이다. 뿔테 안경을 낀 모습이 마치 영화 「인턴」의 벤 휘태커(로버트 드 니로 분) 역과 닮았다. 하루의 시작은 늘 기운차기 마련이지만, 하와이 날씨라면 평소보다 열 배쯤은 더 힘차다. 아니나 다를까, 문을 열고 타자마자 좋은 날이라며 인사를 건네 왔다. 우버를 이용할 때면 드라이버들과 이야기를 자주 하게 되는데, 늘 순서는 비슷하다. 인사를 하고 나면 어디서 왔는지, 왜 왔는지 묻고, 그러다 음식점 혹은 여행지 한두 개쯤 추천 받는 게 코스처럼 진행된다. 드라이버는 내게 "차이니즈?"라며 물었는데, 대부분 '재패니즈?'라고 묻는 것에 비하면 아주 상큼했던 질문이라 웃으면서 "나 중국인처럼 보여?"라고 답했다. 서양 사람들은 동양인을 다 똑같이 생겼다고 여길 만큼 구별이 쉽지 않다지만, 중국인이라는 건 처음 들어봤던 터라 "한국에서

왔어"라고 서둘러 답했다. 이런저런 이야기 끝에 영어 잘한다며 칭찬도 해줬는데, 민망해서 쥐구멍에 숨고 싶었다. 투로 픽업할 예정이라고 하니 목적지에 도착해서는 호스트를 불러 나에게 친절하게 인계해 주고 떠났다. 떠나면서도 "여행 마무리 잘하고 가!"라며 상냥하게 말해주었다.

투로 픽업하는 장소에는 렌터카 사무소처럼 다양한 종류의 차량이 많았다. 우버 기사에게 나를 인도받은 흑인 담당자가 "투로 처음이야?"라고 물으며 다가왔다. "응. 처음인데, 이야기는 많이 들었어"라며 답했더니 "별 어려울 게 없다" 하며 내가 예약한 차를 가지고 나와 상세하게 하나하나 알려주는 게 아닌가! 검정 차량은 이제 막 세차를 마쳤는지 보닛에 물기가 조금 남아있었다. 함께 자동차에 난 흠집은 없는지 확인하고 운전자석에 착석했다. 어쨌든 나의 발이 되어줄 차량이기에 꼼꼼하게 살폈다. 카플레이를 연결해야 하는데 연결이 원활하게 되지 않아 불렀더니, 보조석에 앉아 열심히 체크해 준다. 그러더니 "한국에서 왔어?"라고 물었다. '어, 어떻게 알았지!' 싶은 생각을 눈치챘는지 "군인 출신이라 한국 평택에 여러 번 가본 적이 있다"라고 답했다. 한국을 알고 있다는 그가 더 반갑게 느껴졌다. 카플레이가 잘 연결된 걸 확인하고 나서도 그는 손에 들린 걸레로 차를 한 번 더 닦았다.

아침에 만난 두 명의 남자는 작지만 세심한 서비스로 나의 하루를 기분 좋게 만들었다. 별것 아닌 상황의 연속이었지만, 몽실몽실한 기분으로 약속 장소까지 이동했다. 63번 도로 위에 펼쳐진 울창한 대자연마저 사랑스럽게 느껴진다. 투로나 렌터카로 하와이를 즐기는 방법은

다양하지만, 드라이브만으로도 이곳의 매력을 느끼기에 부족함이 없다. 동쪽 72번 도로를 따라 끝없이 펼쳐지는 태평양 바다, 북쪽 83번 도로 위에 놓인 빈티지한 매력을 곁에 두고 드라이브하다 보면 풍요로운 자연을 마음에 새길 수 있다. 서쪽 93번은 짧은 일정의 여행객들이 놓치는 코스 중 하나인데, 놓치기에는 아쉽다. 동쪽 바다와는 전혀 다른 서쪽 바다의 아기자기하면서도 광활한 모습이 또 다른 매력이 된다.

일찍부터 휴양지였던 이곳, 관광 서비스업의 천국인 이곳에는 배울 것이 종종 있다(친절한 사람이 대체로 많지만, 모두가 그렇지는 않다. 예외인 사람을 보면 '나는 이렇게 하지 말아야지~' 하고 또 배운다). 내가 만난 아침의 서비스를 딱 한 줄로 정의할 수는 없지만, 포용과 이해를 바탕으로 한 하

와이의 환대 정신이 문화의 다양성을 만들고, 환대 도시로서의 입지를
굳건하게 한 건 아닌가 싶은 생각이 든다.

그 평화롭고 아름다운 땅, 길고 행복한 여름날과 선한 사람들에게는 변함이 없습니다.
그들은 한 천국에서 잠들어 또 다른 천국에서 깨어납니다.
- 마크 트웨인(작가)

🌺 ──────── 투로가 아니더라도 렌터카로 꼭 드라이브하는 시간을 준비
해보세요. 대중교통으로 섬 전체를 여행하기에는 한계가 있답니다. 최소 이틀
정도 렌터카로 여행해 보는 것을 추천합니다. 대표적인 드라이브 코스는 72번
도로, 83번 도로입니다. 해당 도로에 인기 여행지들이 늘어서 있습니다.

재즈바에서, 라이브 뮤직

루어스 라운지 & 블루 노트 하와이

호텔 벨맨에게 "루어스 라운지(Lewers Lounge)에 가려고 하는데, 어느 방향일까?" 물었더니 대뜸 "너 오늘 진짜 잘 왔어. 매기가 공연하는 멋진 날이야!"라며 얼굴 가득 환호의 표정을 지었다. 위치를 알려주는 건 다음이었다. 한번 가고 싶었지만 한참을 미루고 미뤘던 고급 재즈바였다. 얼마나 멋진 아티스트이기에 벨맨이 이리도 호들갑인가 싶었다. 유명한 로컬 아티스트 정도일 거라 생각하면서 루어스 라운지를 향해 걸었다.

별이 하나둘 인사하기 시작하는 시간, 낮에는 늘 굳게 닫혀 있던 문이 열렸다. 닫혀 있던 문만 본 곳이 바로 내가 찾은 곳이었다. 루어스 라운지는 할레쿨라니 호텔(Halekulani Hotel) 1층에 있는 재즈바이다. '오키드'라는 레스토랑과 나란히 붙어 있다. 저녁 영업만 하는 곳이다 보니 이 건물의 또 다른 분위기를 느끼게 된다. 피아노가 보이는 묵직한 문 앞에서 안내를 받고, '어느 좌석에 앉을까?' 주변을 살폈다. 바, 테이블, 소파. 선택의 폭이 넓다. 혼자서 찾았던 터라 너무 넓은 좌석을 차지하는 건 또 민폐이지 않을까 하는 생각에 멈칫거렸는데, 어디든 편하게 앉으라고 권한다. 공연 시간을 두고 여유 있게 도착해서인지 선택의 여지가 많다. 피아노가 놓인 곳에서 가장 뒤쪽 좌석에 앉아 시그니처 칵테일이라는 'The Very Thought of You'와 올리브, 프로슈토, 하몽, 치즈, 당근 스틱 등이 나오는 샤르퀴트리(Charcuterie)를 주문했다. 에스프레소 마티니, 마카다미아 넛, 코코아 등을 이용한 칵테일은 적당히 먹기 좋은 달콤한 맛이었다. 냇 킹 콜(Nat King Cole)의 음악에서 영감을 받았다는 칵테일이다.

좌석이 문 입구와 가까워서 그런지 들어오는 손님을 바라볼 수밖에 없었는데, 다들 한껏 단장한 차림으로 마치 클래식 공연장에 오는 듯했다. 사실 복장 에티켓이 있는 곳이라 나도 평소 잘 입지 않는 원피스 차림이긴 하다. 노란 머리를 한 여성 아티스트가 피아노 앞에 앉아 공

연을 준비했고, 그 옆으로는 남성 연주자가 콘트라베이스를 조율하기 시작했다.

피아노 연주와 함께 노래를 시작한 여성 아티스트에게 가만히 귀를 열었다. 그리고 한 소절 듣자마자 심장이 가득 부풀어 오르는 기분이었다. 벨맨이 왜 그런 반응을 했는지 이해가 되었다. 미국의 '이은미'라고 해야 할까? 목소리가 '낭만'이라고 말하고 있는 거 같았다. 안개가 자욱하게 깔린 도로에 안개가 걷히고 차량의 전조등이 '딱'하고 켜지는 기분이다. 칵테일 양이 줄어들어도 샤르퀴트리 양이 많아서 다행이라 생각했다. 직원에게 아티스트 이름을 적어달라고 부탁했다. 'Maggie Herron' 바로 검색했다.

미시간주 머스키곤에서 태어난 후 본토에서 피아노와 재즈를 배운 그는 1976년부터 빅아일랜드 힐로에 살며 음악 인생을 펼치는 중이다. 이미 여러 차례 나호쿠하노 어워드(Na Hoku Hanohano Awards)에서 수상한 재즈 보컬리스트였다. 나호쿠하노 어워드는 하와이의 그래미라고 여겨진다. 함께 연주한 베이시스트 틴 태버(Dean Taba)의 단독 연주도 이뤄졌는데, 노련한 연주 실력과 마성의 목소리를 가진 그녀와 그의 연주가 자꾸만 나를 붙잡았다. 발걸음이 쉽사리 떨어지지 않는다.

오랫동안 이곳을 꽁꽁 아껴놓고 이제야 찾아간 의미가 있었나 보다. 귀한 건 쉽게 얻어지지 않는 법이니까! 매기의 공연이 기억에 남는 것도 있지만, 이 라운지는 오아후 내에서도 좋은 위스키를 보유한 곳으로 유명하다.

재즈를 즐길 수 있는 곳이 또 하나 있다. 블루 노트 하와이(Blue Note Hawaii). 재즈를 좀 즐긴다는 여행자들에게는 익숙한 곳일지도 모른다. 매해 연말 케니지의 공연으로 유명한 곳인데, 세계적으로 잘 알려진 재즈클럽이다. 1981년 뉴욕에 처음 문을 열고 그래미 수상자를 비롯한 유명한 음악가들이 연주와 노래를 하는데, 하와이에도 2016년 문을 열었다. 공식 홈페이지에 라인업이 공지되는데, 언젠가 꼭 한번 들어보고 싶었던 우쿨렐레 연주자 제이크 시마부쿠로(Jake Shimabukuro) 공연이 일정과 맞았던 터라 예약했다.

'블루'가 만들어 내는 색감이 몽환적이면서도 로맨틱한 건 음악이 더해져서 그런 것일까. 클래식하면서도 은은한 조명 덕분에 공연에 집중하기 좋았다. 무대에서 가장 먼 자리에 앉았음에도 연주하는 내내 그 섬세한 표정까지 느껴져 라이브 공연의 묘미가 이런 것인가, 생각하며 음악과 분위기에 빠져들었다. 제이크 시마부쿠로는 하와이 출신 우쿨렐레 연주자 중 가장 유명한 아티스트이다. 그의 엄마가 우쿨렐레 연주자이자 가수였다는데, 그 덕분인지 그에게는 우쿨렐레가 악기라기보다 장난감처럼 익숙했을 것이다. 대부분 우쿨렐레 연주는 포크송 같은 기분이라 느꼈는데, 그의 연주를 보면서 우쿨렐레도 복잡하고 빠른 손가락 움직임이 필요한 악기구나 하고 생각의 전환을 하게 됐다.

비틀스의 'While my guitar Gently Weeps'를 자신만의 해석으로 편곡한 연주가 화제가 되면서 세상의 하이라이트를 받게 되었는데, 우쿨렐레를 연주하는 이들이라면 한 번은 제이크 시마부쿠로의 곡을 연주해 볼만큼 우쿨렐레계의 스타라 할 만하다. 공연 중에는 익숙하게 들어봤을 법한 팝송 명곡을 자신만의 해석으로 연주했다. 연주가 끝나고 혹시나 인사라도 할 수 있을까 싶어 공연장 입구 홀에서 서성였지만, 같은 마음이던 몇 명의 손님들과 연주가 좋았다며 이야기하고 돌아왔다(블루 노트는 영화 「소울」의 주인공이 취직하는 세계 최고의 재즈바 모티브가 된 곳이다).

가끔 여행을 앞둔 이들에게 재즈클럽을 추천하지만, 누가 하와이 여행 가서 재즈를 듣고 있을까 싶은 생각은 한다. 그래도 음악을 좋아하는 이들이라면, 칵테일과 함께 가벼운 공연 즐기는 건 꽤 낭만 돋는 일 아닌가. 밤바다의 파도 소리가 공연의 여운을 더 물들인다.

Hawaii is paradise. It sounds cheesy to say it,
but there's music in the air there. - Bruno Mars
하와이는 낙원입니다. 진부하게 들릴 수 있지만,
그곳의 공기에는 음악이 흐릅니다.
- 브루노 마스(가수)

호놀룰루 커피 익스피리언스와 칙필에이

오랫동안 현지인과 여행자들의 여유를 책임졌던 곳이 있다. '어디 갈까? 어디서 볼까?' 고민하다가도 늘 '호놀룰루 커피 익스피리언스 (Honolulu Coffee Experience Center) 가면 되지!'라고 할 만큼 만만하고 편했던 장소. 우연하게라도 하와이 지인들과 반갑게 만나게 되는 곳. 주차장도 넓고 와이파이도 제공하는, 게다가 공간마저 따스하고 원두 볶는 소리와 공간 가득 퍼지는 커피향마저 사랑스러운 곳, 현지인과 여행객들의 오묘한 공존이 낯설지 않았던 매장이다. 원목의 인테리어에 마음의 평온까지 더해진 곳이기도 하다. 횡단보도 하나 건너 하와이컨벤션센터(Hawaiʻi Convention Center)가 있어 각양각색의 국제행사가 있을 때면 행사 목걸이를 목에 걸고 누구든 쉽게 와서 커피 한잔 사 들고 가며 오아후의 커피 명성을 드높였던 곳, 크고 작은 쇼핑몰 카페 매장과 엄연히 달랐던 곳. 바로 '호놀룰루 커피 익스피리언스 센터'이다.

2년 전쯤인가, 로컬 뉴스에서 이 장소가 한 기업에 팔렸다는 기사를 접했다. 믿을 수 없었다. 오보이길 바랐다. 당장 없어지는 게 아니지만, 이런 기사가 썩 기분 좋게 와닿지 않았다. 그렇게 시간이 지났고 2024

년 여름까지 영업한다, 가을까지 영업한다는 소문만 무성했다. 직원들에게 물어도 누구도 정확한 폐점 날짜를 알지 못했다. 어떤 직원은 8월 말까지 한다고 했고, 또 다른 직원은 9월 초까지라고 했다. 날짜만 정해지지 않은 것뿐이지 폐점은 이미 확정된 일이었다(실제 폐점은 10월에 했다). 마냥 아쉬워할 수만 없는 노릇이라 '즐길 수 있을 때 많이 즐기자'라는 생각으로 하와이 체류 중 쉼 없이 드나들었다. 커피 마시러 가고, 브런치 즐기러 가고, 일하러 가고…. 핑계는 여러 가지였다.

폐점 날짜가 분명해지면서 새로 오픈할 곳의 위치도 윤곽을 드러내기 시작했다. 그럼에도 나 같은 손님은 많았다. 주문할 때도 웨이팅할 때도 폐점의 아쉬움을 주제로 스몰토크하는 손님이 많다. 이곳을 아끼고 사랑하는 이들에게 폐점은 이슈였다.

커피바 테이블에 앉아 공부하는 대학생을 볼 때, 로컬들이 삼삼오오 커피를 시켜두고 수다를 나누거나 모임 중인 모습을 볼 때, 여행자들이 눈 휘둥그레져서 매장을 들어설 때, 키친에서 정성스런 몸짓으로 음식을 만드는 셰프를 볼 때, 내가 주문한 하와이안 라떼를 만들어주는 바리스타의 손길을 볼 때, 매일 아침 스팀 펑크 1944년형(Probat coffee roaster) 기계 앞에서 로스팅하는 직원을 볼 때, 내 시선에는 사랑이 담겨 있었다. 단순히 커피 한잔이 아니라, 그 한잔에 담긴 세계가, 그 한잔에 담긴 정성이 얼마만큼인지 느끼게 해주는 그런 곳.

오아후에서도 아늑하고 따뜻한 편안함이 있는, 여기서 노트북으로 작업을 하면 내가 잠시 로컬 같아지는 기분을 느낄 수 있었던 곳은 이제 새 보금자리에서 문을 열 준비 중이다. 새로운 곳에서도 다시 예전

과 같은 향수가 느껴지면 좋겠다는 건 나 혼자만의 바람인지는 모르겠지만, 이 자리에서 2015년부터 이어져 온 10년의 시간처럼 2025년에도 새로운 시즌이 시작되기를 희망해본다(2025년 7월 중순 베이커리 카페로 새롭게 오픈했다).

한때는 코코스(Coco's)였고, 또 하드락 카페(Hard Rock Café) 자리였던, 그리고 감미로운 커피 향으로 넘쳐대던 그 자리에는 이제 치킨샌드위치 냄새가 폴폴 나게 될지도 모른다(미국에서는 소고기 패티가 들어가야 버거라는 명칭을 사용하고 치킨 패티가 들어간 빵은 샌드위치라고 한다). '칙필에이(Chick-fil-A)'가 들어오기 때문이다. 미국에서 맥도날드와 스타벅스 다음으로 매출액이 높은 브랜드라 한다. 미국 내 2,800개 지점이 있는데, 모두 직영으로 운영된다. 이곳의 점주가 되는 게 구글 입사하는 것보다 어렵다는 우스갯소리도 있다는, 7만 대 1이라니 그럴 만도 하다. 혹시, 칙필에이에서 주문할 때는 꼭 디럭스 샌드위치로 주문해야 한다는 사실을 염두에 두길. 오리지널은 소스도 없는, 정말 빵 사이 닭가슴살 패티만 들어 있어 한국 여행자라면 당황할지도 모른다. 디럭스로 주문해야 익숙한 양상추와 토마토가 들어간 치킨버거의 모습을 만날 수 있다.

하와이는 골프장도 천국

호아칼레이 컨트리클럽

골프의 'ㄱ'도 모르는 내게 평소 알고 지낸 헬렌이 골프장 투어를 하자고 제안했다. 여행 작가로 가이드북을 출간하니 이왕이면 봐두면 좋지 않겠냐는 게 이유였다. 틀린 말이 아닌지라 감사한 마음으로 덥석 기회를 잡았다. 하와이 내 골프장이 좋은 환경이라는 건 익히 들어 알고 있던 사실. 아놀드 파머(Arnold Palmer), 로빈 넬슨(Robin Nelson), 윌리엄 F.벨(William F. Bell), 타이거 우즈(Tiger Woods) 등 세계적인 골프 코스 설계자가 참여한 코스가 넘쳐나고 각종 국제경기가 앞다투어 열린다.

2019년에 열린 '소니 오픈 인 하와이(Sony Open in Hawaii)'를 직관한 적이 있다. 호놀룰루 카할라 지역에 위치한 와이알레이 컨트리클럽(Wai'alae Country Club)에서 열리는 PGA 투어인데, 그곳이 내가 처음 가본 오아후의 골프장이었다. 하와이 내 골프장 중 명문으로 손꼽히는 곳인데, 골프장 페어웨이가 어쩌고 오션 브레이크가 저쩌고 하는 건 내게 중요하지 않았다. 당시에도 골프의 'ㄱ'도 몰랐던 건 매한가지였지만, 동행한 치홍 실장이 골프에 입문했던 터라 궁금한 것은 물어볼 수 있었다. 그 경기에 한국 선수 3명이 참여했는데, 그중 한 명이 10위권 내 입선하는 결과를 보고 뿌듯함을 느꼈다.

헬렌이 데리고 간 골프장은 호놀룰루 에바 지역에 있는 호아칼레이 컨트리클럽(Hoakalei Country Club)이었다. LPGA 롯데 챔피언십이 열리는 곳이다. 멤버십 골프 코스라 회원권이 있어야 라운딩이 가능하다. 헬렌과 나는 일단 구경하기로 했다. 클럽하우스에 도착해서 김치가 들어간 무스비 하나를 먹었다. 적당히 흉내만 낸 맛이 아니라 진한 김치와 고추장 베이스의 조화가 고향의 맛을 느끼기 좋았다. 클럽 하우스 뒤편으로는 수영장도 있었다.

헬렌과 카트를 타고 투어에 나섰다. 내 눈에는 그저 카트가 다니는 길은 도로이고 넓은 잔디는 공원처럼 보였다. 중간중간 홀이 있고, 흙으로 된 벙커가 꽤 많았다. 사이사이 작은 호수처럼 된 홀도 있었다. 골프장에서 카트를 운전하는 게 처음이라 낯설었지만, 금세 적응해 달렸다 멈추기를 반복했다. 그러면서 골프장 잔디가 심상치 않다는 걸 깨달았는데, "여기서 맨발로 뛰어도 좋을 거 같아요"라고 했다가 "이쯤이면 굴러도 괜찮지 않을까요?"라고 하며 골프장 처음 와 본 티를 냈다.

풍경이 그림 같아서 카트를 운전하는 내내 정신을 차릴 수가 없다. 푸른 잔디 위로 파란 하늘, 그리고 구름이 그 위에서 춤을 추는 듯 노닌다. 싱그러운 야자수 잎사귀가 우수수하며 구름을 이리 밀고 또 살랑살랑 저리 밀었다 술래잡기하는 거 같다가 멀리 바다가 보인다. 가끔 골프장 위로 비행기들이 지나간다. 이런 풍경을 두고 과연 플레이가 되긴 할까.

한국에서도 오다가다 골프장을 볼 경우가 있는데, 뭔가 모르게 한국에서는 골프장에서도 바쁘게 쫓기는 기분이라면, 하와이에서는 여유가 느껴졌다. 사람들 복장도 좀 더 가벼워 보인다. 골프에 전혀 흥미를 느끼지 못하는 내가 '골프 한번 배워봐?' 하고 생각하는 걸 보면, 하와이 골프장은 '골프'라는 게임의 매력보다는 골프장 환경으로 매혹하는 듯하다. 스코어 따위는 중요하지 않다. 여긴 분명 스트레스를 잊게 해 주는 골프장이 확실하다. 이런 환경의 골프장이라면, 골프를 안 하는 건 유죄가 아닐까. 한 바퀴 돌아보니 이곳에서 왜 국제대회가 열리는지 느낄 수 있었다. 코스가 만만한 게 아니었던 셈.

골프장을 나와서 늦은 점심을 먹으러 가는 길, 주변에 몇몇 골프장이 눈에 들어온다. 멀리서 봐도 잔디 컨디션이 다른 것이 확연히 차이가 난다. '엇! 근데 저 골프장은 공치는 분이 다들 좋다고 입 모아 추천하던 곳인데' '앗! 또 저기는 한국 여행자들이 자주 가는 곳인데, 잔디 컨디션이 좋다고!'

골프장에 다녀온 후 너무 놀란 나머지 지인에게 카톡을 보내니 '네가 처음부터 너무 좋은 곳을 간 거야! 호아칼레이는 잔디가 양탄자야! 어디에 비교를 해!' 아, 그런 거였구나! 그래도 하와이 골프장이 좋은 건 맞지!

🌺 ——————— 하와이 내 골프클럽은 회원제로 운영되는 곳이 아니라면 호텔 컨시어지, 골프장 홈페이지, 한인여행사를 통해 예약이 가능하며, '골프나우((GolfNow)'라는 애플리케이션을 통해서 쉽게 할 수 있습니다.

오아후에서 기차 투어

하와이안 레일웨이 소사이어티

"여보, 기차 타러 가자!"

"하와이에 기차? 제대로 말한 거 맞아?"

"응. 기차! 여기도 기차가 있어."

타이밍이 잘 맞지 않아 타보지 못했던 기차 투어가 있어 남편에게 가자고 제안했다. 수요일과 주말에 딱 5회만 운행하는 기차라 어쩌면 더 간절했는지도 모르겠다. 전화 예약만 가능하다고 해 전화했더니 자동 응답으로만 연결되었다. 하는 수 없이 현장에서 티켓을 구해야겠다고 생각하고 운행 시간보다 훨씬 일찍 하와이안 레일웨이 소사이어티(Hawaiian Railway Society) 사무실에 도착했다. 두 장을 끊어두고 렌터카로 5분 거리에 있는 카 마카나 알리(Ka Makana Aliʻi) 쇼핑몰에 브런치를 먹으러 갔다. 호놀룰루 공항 기준으로 서쪽에 있는 카폴레이(Kapolei) 지역은 하와이주에서 제2의 와이키키로 형성하는 곳이다. 레지던스 호텔들이 많이 생겨나고 지천이 골프장이다. 새로 생긴 쇼핑몰에 와이키키 내 맛집도 여러 곳 입점해 있어 불편한 점이 많지 않다. 더 치즈케이크 팩토리(The Cheesecake Factory)와 키키케이준(Kickin Kajun) 중 고민하다 오전부터 매콤한 걸 먹을 수 없다는 이유로 치즈케이크 팩토리를 선택했다. 와이키키 매장은 시끌벅적하고 대기도 있는데, 카폴레이 매장은 한적하니 여유가 느껴지고 좋다. 이민호를 좋아한다는 타이페이 출신 웨이트리스 덕분에 즐겁게 식사를 마쳤다.

투어 시간이 가까워지자, 어디서 이 많은 사람이 나타났나 싶을 만큼의 사람이 기차에 올라탔다(한 번에 180명이 탈 수 있다). 이 기차는 오래전 사탕수수 농사가 활발하던 시절, 그러니까 우리 선조들이 값싼 노동력을 제공해서 독립 자금 밑천을 마련했던 그때 사탕수수를 운반하던 철로다. 비영리단체에서 일부 구간(10km 오아후에 남은 마지막 선로라고 한다)을 복구해서 관광용으로 활용 중인데, 에바 비치(Ewa Beach)를 출발해 코올리나(Ko Olina)를 거쳐 카헤 포인트 비치파크(Kahe Point Beach Park)까지 다녀오는 두 시간짜리 코스다. 중간에 코올리나에서 20분가량 쉬기도 하지만, 기차 속도는 시속 25km 정도로 느림의 미학

을 자랑한다. 하와이 기차 투어라고 하면 동해 바다열차처럼 창밖으로 바다 전망을 즐길 거로 생각했지만, 정작 바다를 코앞에 둔 건 5분도 채 되지 않았다. 옛 감성 그대로 창문 없는 나무로 된 스타일의 빈티지 디젤 기관차라 클래식하다. 직원이 함께 탑승해 설명도 해주고 게임도 하면서 이동한다.

달리는 기차에 앉아 오아후의 산업을 그대로 마주할 수 있었는데, 너무 의외의 풍경이라 놀랐지만, 이때가 아니면 언제 만나볼 수 있겠냐는 생각이 스쳤다. 하와이에는 '검은' 연기가 나오는 산업이 불가하다. 그 사실을 절실하게 깨닫게 해주는 장면이 아닌가 싶다. 밖에서 봤을 때 무얼 하는 곳인지 정확히 알 순 없어 구글 지도의 힘을 빌렸더니 폐기물 처리, 재활용센터, 건설회사, 아스팔트 도장 회사 등의 장소였다. 여행자들 눈에 쉽게 보이지 않는 곳이 늘어져 있다. 학교와 로컬들이 생활하는 빌리지를 지날 때면 학생들이 샤카를 흔들었고, 코올리나 골프장을 지날 때면 골퍼들이 손을 흔들어 주기도 했다.

클래식한 기차는 여전히 수동으로 움직였다. 건널목에 들어설 때면 직원 두어 명이 서둘러 내려 차량을 통제했는데, 고작 몇 명의 수신호로 이뤄지는 이 모든 걸 도로 내 많은 차량이 그대로 따랐다. 잠깐 멈춰 선 차량 내 운전자도, 기차에 탄 손님도 서로를 향해 샤카로 인사하며 알로하를 나눴다. 시원한 바람을 맞으며 만난 오아후의 풍경은 비록 바다는 잠깐 스칠 뿐이었지만 괜찮았다. 오히려 쉽게 만날 수 없는 오아후의 민낯을 본 거 같아서 만족스러웠다. 화려하고 반짝이는 곳만 있는 게 아닌, 삶의 현장을 지켜가고자 하는 이들의 모습을 만날 수 있어서였다. '치-이이익! 덜-컥' 기차가 다시 출발지에 도착해 멈췄다. 천천히 철길을 따라 시선을 두다 보니 오래전 한국 이민자들의 모습이 필름처럼 오버랩되었다(하와이는 한국 첫 근대적 이민지이자 해외 독립운동의 근거지였다. 값싼 노동력을 사탕수수 농장에 제공하고, 피눈물이 배어있는 품삯을 십시일반 모아 독립운동 자금에 보탰다).

The true wealth of Hawaii lies not in its beauty, but in the spirit of its people.
하와이의 진정한 풍요로움은 아름다운 풍경이 아니라 사람들의 정신에 있습니다.

🌺 ─────── 투어 전화 예약은 간단합니다. 이름, 방문 날짜, 방문 인원, 시간만 남겨두면 됩니다. 예약 당일 사무실에 가서 이름 확인하고 티켓 받은 후 탑승하면 끝! 홈페이지 www.hawaiianrailway.com 통해 온라인 예약 서비스도 제공 중입니다.

와이아나에의 히든 스폿

카아하아이나 카페

　여행자들의 동선에서 멀어지면, 로컬다운 장소가 많다. 로컬다운 곳이라고 해도 여행자들이 알음알음 찾아오는 곳이 있지만, 와이아나에(Waianae)는 정말 로컬 그 자체인 곳이다. 영업시간도 짧고 동선 자체가 여행자들이 주로 찾는 루트에서 먼 곳이라 마음먹지 않고서는 찾기가 쉽지 않다. 근데 그런 곳은 대부분 보석 같은 장소일 때가 많다(렌터카 없이는 우버로 이용하기도 먼 거리). 굳이 그렇게 가야 하느냐고 반문할 수 있지만, 난 여행 작가니까. 가보는 거다.

　오아후 서쪽, 와이아나에(Waianae)는 하와이안 원주민들의 생활 터전이다. 예전에는 사탕수수 밭이었던 곳이다. 동쪽, 북쪽과 달리 비가 덜 내리고 건조한 지역이라 농장이 여전히 많다. 높은 빌딩이나 아파트보다 주택이 옹기종기 모였고, 집집마다 망고나무 한두 그루쯤은 있다. 카아하아이나 카페(Ka'aha'aina Café)를 찾아가니 병원 내에 있어 처음에는 '잘못 온 게 아닐까?' 하고 동공이 흔들렸으나, 일행이 금방 확인하는 바람에 안도했다. 2층으로 된 목재 건물 명패에 '카페'라고 적혀있지 않았으면 그냥 지나칠 법한 모습이다. 문을 열었는데, 카페답지 않은 모습에 또 한 번 놀란 건 나뿐만은 아니었다. '강당 아니야?' 맞다.

이건 분명 건물 홀이다. 멋을 하나도 부리지 않은 인테리어와 테이블이 놓여 있고, 테이블보는 마치 1970년대 식당에서 보는 것과 같은, 스타일을 전혀 가늠할 수 없었다. 일단 진정하고 주문하기 위해 메뉴를 살폈다.

오전 7시 30분부터 오후 1시 30분까지, 조식과 브런치 시간만 운영하는데, 메뉴가 4달러부터이다. 로코모코 가격도 12달러, 갖가지 샌드위치도 10달러 미만이다. 메뉴가 다양한 것 같지만, 한정적인데 로컬들이 좋아하는 팬케이크, 오믈렛, 로코모코는 다 있다. 선택의 고민을 덜어주는 것도 좋은데, 가격을 보니 '이 가격이 말이 되는 건가?' 하고 의심하게 된다.

몇 가지 음식을 주문하고 로컬이 아닌 티를 낸다. 아주 간단하다. 감탄하고 사진 찍는 전형적인 여행객의 모습. 서쪽 바다는 다른 곳에 비해 파도가 잔잔하다. 라나이에서 보이는 바다와 메일리 필박스(Maili

Pillbox)의 산세가 조용히 공간을 감싼다. 뷰에 놀라 셔터를 눌러대다,
그 소리가 점점 거슬리기 시작했다. 난간에 가만히 기대 있으니 '푸른
영향력'이란 이런 걸 두고 말하는 건가 하는 기분이다. 꽃과 푸른 나무
가 어우러진 정원의 숨결이, 고요한 바다의 전망이 이곳의 식사를 더
완벽하게 만들어주는 건 말하지 않아도 느낄 수 있다. 비밀의 정원을
발견한 기분이었다.

주문하며 본 주방의 모습이 꽤 깨끗해서 음식 맛이 기대되었다(가격
이 저렴해서 의심한 건 사실이지만). 가격과 달리 풍성한 양의 음식이 빠르
게 제공되었다. 정갈하다. 음식 간이 슴슴한 것, 달걀프라이가 유독 큰
것, 샐러드가 싱싱해 보이는 건 병원 내 카페라는 기분 때문일까! 함
께 간 로컬 동생 엘레나가 "여긴 어떻게 찾았어?"라고 물었다. "몰라.
그냥 구글에서 봤는데 이끌렸어." 내가 만난 그 어떤 곳 중 이곳은 진
심으로 히든 스폿이다. 근데 나 아니면 누가 여기 올까? 가만히 커피

한잔을 주문해 두고 하루를 반짝이게 해줄 수 있는 곳인데 말이다. 여행자의 발길이 덜 닿아 때 묻지 않는 곳이 있다면, 바로 이런 곳이 아닐까.

Hawaii's beauty is a reflection of its people.
하와이의 아름다움은 그곳 사람들의 모습을 비춥니다.

산으로 오르는 철길

코코헤드 트레일

"작가님, 저 코코헤드(Koko Head) 가려고요."

여행 중에 만난 20대 대학생 준현이 던진 말 한마디를 나는 무심코, 아니 덥석 잡았다.

"언제 가려고요? 그럼 같이 가요!"

그렇게 느닷없이 8월의 어느 새벽녘 코코헤드에 다시 올랐다.

오아후 72번 도로가 시작되는 초입에 있는 높은 산 하나. 그냥 봐도 꽤 가파른 그 산을 '코코헤드'라고 부른다. 코코헤드 분화구 꼭대기까지 가는 트레일은 평지가 아니라 계단 1,048개를 올라야 하는 코스다. 이 계단은 예전 군대가 보급품을 정상에 있던 벙커로 운반할 때 사용한 철도 선로라고 한다. 제2차 세계대전의 유물인 셈이다. 왕복 약 4km 되는 거리이지만 가파른 계단이고, 45도 정도의 경사도로 시작했다가 급기야 70도에 이른다. 심지어 중간쯤 철도 아래 땅이 없는 구간이 짧게나마 펼쳐진다. 옆으로 살짝 우회하는 길이 있지만, 매한가지이다. 힘들면 쉬어갈 수 있는 쉼터조차 하나도 없는 곳이다. 현지인은 운동 삼아 오르내린다지만, 그곳이 어떤 곳인지 뻔히 잘 알고 있는 나는 왜 또 굳이 같이 간다고 한 걸까.

  트레일은 언제나 가볍게 하는 게 좋지만, 성격상인지 직업상인지 그 저 발걸음 가볍게 갈 수가 없다. 생수도 몇 개 챙겨야 하고 초콜릿이나 사탕 한두 개쯤은 필수다. 카메라도 챙겨야 하는데. 암튼 그날도 난 작은 배낭을 메고, 준현은 생수를 비닐에 넣어 덜렁덜렁 들고 가겠다고 했다(이건 흡사 제주도 한라산에서 대학생들이 편의점 봉투에 생수와 김밥을 넣어오던 것과 데자뷔 같은). 무슨 자비인지 생수 하나쯤은 가방에 넣어 줄 수 있다며 오지랖까지 부렸다.

  숨 한 번 고르고, 신발 끈 조여 매고 첫 계단을 밟았다. 준현에게 각자의 속도로 올라 정상에서 만나자고 했다. 준현은 가까이에서 오르는가 싶더니 언제부터인지 보이지 않았다. 대학생의 체력을 어찌 따라잡을 수 있단 말인가. 그래도 두 번째라 그런지 한낮의 더운 시간을 피해서 그랬던 건지 처음보다 어렵지 않았다. 몇 해 전 첫 방문 때 꽤 여러 번 쉬어간 것 같은데, 그 정도로 멈추지도 않았다. 다만 위에 올라가면 어떤 것이 기다리는 줄 이미 잘 알고 있었기에, 중간에 포기할까 하는 마음이 스멀스멀 올라왔지만, 내 배낭에 준현의 물이 들어 있다. 정상에서 물 한 모금은 무엇보다 큰 영양제일 텐데, 그걸 내가 들고 있었던 셈. 예나 지금이나 마찬가지였던 건, 같은 그룹에 있는 사람들이 그대로 서로 으쌰으쌰 하며 정상까지 올라간다는 점이다. 나는 준현을 먼저 보내고 뉴욕에서 온 한 남자와 기운을 주거니 받거니 하며 올랐다. 확실한 건 첫 방문 때보다 시간이 절반이나 줄어 20분 만에 정상까지 올랐다는 점이다. 체력이 좋아졌을 리 없고 나이도 벌써 몇 살이나 더 먹었는데도, 20여 분 만에 정상에 도착한 건 놀라웠다. 요령을 알아서 그런 거라고 해두자.

물론 처음보다 극한 고통이 따랐던 것도 아니다. 고통은커녕 홀가분한 마음이 더 컸다. 마음가짐의 문제인가, 젊은 에너지를 건네받아서 그런 것일까. 정상에서 준현과 만나 여기서는 인증사진을 꼭 찍어둬야 한다며 서로 사진을 찍고 차오른 숨을 고르며 풍경을 즐겼다. 하나우마 베이, 하와이 카이, 동쪽의 바다가 파노라마로 펼쳐지는 모습은 땀 뻘뻘 흘리며 정상에 도착한 이들로 하여금 "어썸(Awesome)!"을 연발하게 했다. 코코헤드 트레일은 계단을 오르며 흘린 땀방울의 가치를 의미 있는 풍경으로 보답해 주는 곳이 분명하다.

풍경 좋은 자리에 철퍼덕 앉았다. 내 가방에 들어 있던 생수로 갈증

#PLAYGIGISWAY

을 달래며 준현은 말했다.

"작가님, 여기가 이런 곳이란 걸 알았으면 안 왔을 거예요."

웃음이 나왔다. 준현이 가보고 싶다고 말할 때 나는 말리지 않았다. 가보겠다는 친구에게 "아니, 거긴 절대 아니야!" 하고 말해줄 순 없잖은가.

내려오는 길에 다리는 살짝 떨렸지만, 발걸음은 가벼웠다. 코코헤드 등반을 마친 우리는 근처 유명한 코코헤드 카페(Koko Head Cafe)에서 조식을 먹었다. 아침부터 나는 맥주 한 잔을 주문했다. 바 테이블에 앉았던 터라 바텐더가 만들던 칵테일에서 시선을 거둘 수가 없었는데, 그런 나를 보며 준현이 "칵테일을 더 하실래요?"라고 했지만, 코코헤드는 딱 맥주 한잔이면 충분하다.

준현의 말처럼 어떤 곳인지 알면 오지 않았을 수도 있지만, 어떤 곳인지 알아서 더 가고 싶어지는 그런 곳이 있지 않은가. 코코헤드가 내게 그런 곳이 아닐까 싶다. 누군가 또 내게 "코코헤드 가자"라고 하면 난 또 웃으면서 오르고 있겠지.

A'ohe pu'u ki'eki'e ke ho'a'o 'ia e pi'i.
아무리 높아도 오를 수 없는 절벽은 없다.

트레일 할 경우 오전 6시~오전 9시 / 오후 4시 이후 추천합니다. 한낮의 시간에는 더워서 체력적으로 힘들 수 있습니다. 트레일 시에는 꼭 생수와 선크림, 모자 잊지 마세요.

오아후에는 숲도 있다

마노아 폴스 트레일

"오아후엔 바다만 있는 거야?" 친구가 물었다. 내가 하와이를 집처럼 드나드는 걸 보더니 가볼 마음이 생겼다는 거다. 그런데 바다를 싫어해서 고민이라고 했다. 그럴 수 있다. 하와이는 와이키키가 전부인 줄 아는 사람도, 바다 액티비티만 할 수 있다고 생각하는 사람도 많으니까. 심지어 나는 첫 하와이 여행 때 하와이가 어느 나라에 속해 있는지도 알지 못했다.

"바다'만' 있는 건 아니고, 바다'도' 있는 거지. 바다를 싫어해도 갈 수 있는 곳이야. 왜냐하면 다른 것도 할 게 많거든. 바다 싫어해도 모래사장에 누워서 멍도 때려보고 쇼핑도 할 수 있는데, 쇼핑은 어때? 명품 브랜드 매장이 있기는 하지만 유럽처럼 택스 리펀드는 불가해. 그래도 미주 중에서는 세금이 가장 저렴하니, 관심 있으면 꼭 둘러봐. 관세까지 잘 생각해 보고."

오아후에는 숲을 볼 수 있는 코스도 있는데, 워낙 볼 곳이 많다 보니 숲을 찾아가는 건 첫 여행에서 쉽지 않다. 대부분의 트레일 코스도 태평양 바다를 조망하는 코스이다 보니 말이다.

마노아 폴스 트레일(Mānoa Falls Trail)이 처음 알려진 건 영화 「쥐라기 공원」 촬영지가 되면서부터였다. 와이키키에서 차로 15분 정도 거리로, 멀지 않고 코스도 어렵지 않으며 왕복 1시간이면 충분히 다녀올 곳이라 로컬이나 외국 여행자들이 쉽게 찾는다. 한국 여행자들에게 입소문이 나면서 차츰 알려지기 시작했지만, 울퉁불퉁한 흙길에 '마노아'라는 지역 자체가 새벽에 샤워비가 쏟아지는 지역이다 보니, 오전 시간은 흙길이 진흙으로 변할 때가 잦다. 질척이는 길을 걷다 보면, 짜증 날 수도 있다. 이러한 이유로 한국 여행자들에게는 호불호가 나뉠 수 있는 곳이다(주로 오후 3시 이후에 간다). 하지만 마노아 폴스는 오아후의 새로운 장면을 만날 수 있는 곳이라 무턱대고 덮어두기에는 아쉬울 수 있다. '마노아'라는 지역은 한국에 비교하면 서울 평창동과 비슷하다. 대를 이은 부자가 많고, 초등학교의 경우 학군도 좋아 아이를 키우는 학부모라면 이곳을 선호한다. 여행자들이 드나들지만, 동네 자체가 조용하다.

남편의 다섯 번째 하와이 여행이었던가. 조용하게 걷고 싶어서 마노아 폴스에 데려갔다. 주차장에 모기가 많아서 스프레이를 향수 뿌리듯 온몸에 방패 한 겹을 씌우고 출발했다. 입구도 나오지 않았는데, 그저 주차장만 벗어날 뿐인데, 남편 표정이 심상치 않다. 분명 몇 분 전까지만 해도 반짝거리는 도심에 있었는데. 인위적인 것은 쉽게 잊히게 하는 마법의 가루가 이곳 공기에 흩어진 게 분명하다.

자꾸 그의 발걸음이 느려진다. 오후 4시쯤 방문했던 터라 사람은 많지 않다. 그래서인지 자연의 소리가 더 크고 선명하게 들렸다. '꺄-아' '끼-잉' '호올' 등 다양한 새소리부터 입체적으로 들리기 시작해 열대

우림이 놀라울 정도의 풍경을 만들어 낸다. 가만히 서서 새 소리를 듣고 있는데, 공룡 한 마리가 튀어나와도 전혀 이상하지 않을 풍경이다. 몇 분 걷지 않았는데, 아마존 울창한 밀림 속에 들어온 기분이다. 남편은 가만히 서서 무성한 초록을 실컷 흡입하더니 물었다.

"근데 여길 왜 지금 데려온 거야?"

"어, 그런가?"

당혹함에 할 말을 잃었지만, 빠르게 임기응변으로 대답했다.

"원래 좋은 건 아꼈다가 보여주는 거야! 여기도 내가 아껴둔 곳이야!"

몇 해 전까지만 해도 없던 컨테이너가 코로나쯤 초입 길목에 생겨났다. '큰 의미가 없어 보이는 걸 여기 왜 가져다 뒀을까?' 하고 생각해보면 컨테이너를 지나는 기분이 마치 언박싱하는 기분이랄까. 누구도 이 컨테이너를 지날 때 앞에 펼쳐질 풍경을 상상할 수 없을 것이다. 컨테이너를 지나오면 한 줄기 빛과 함께 풍경이 펼쳐진다. 눈앞에 펼쳐진 광경은 도대체 이 나무들이 언제부터 이곳에 생명을 틔우기 시작했을지 궁금해지게 한다. 가늘고 긴 나무도, 헤아릴 수 없이 많은 줄기를 축축 늘어트린 아름드리나무도. 나무의 키를 따라 시선을 하늘로 점점 올리다 보면, 머리가 어질어질할 정도이다. 빛, 비, 바람의 조화가 얼마나 훌륭하기에 잎사귀 하나하나 이렇게 반짝이고 윤이 나는 걸까. 감탄을 멈출 수가 없다.

"마노아 밸리(Manoa Valley)의 무성한 분위기가 「쥐라기 공원」 촬영하기 딱이네, 정말!"

로케이션 디렉터인 남편이 외쳤다. 와이키키에서 딱 15분 거리인데 정말 다른 세상이다. 와이키키 내 음식 냄새 대신 유칼립투스 향이 넘쳐나고, 곳곳에 세워진 서프보드 대신 오래된 반얀나무가 긴 세월 지키고 있고, 히비스커스 대신 보기 힘든 열대 꽃이 신비로움을 더한다. 외국에서는 흔치 않은 대나무 숲도 있다(물론 한국 여행자에게 인상이 깊진 않지만, 외국 여행자들은 좋아한다). 마노아 '폴스'라고 해서 꽤 멋진 폭포라고 생각했다면 조금 실망할 수도 있지만, 이미 눈에 새겨진 원시림이 그 아쉬움을 달래줄지도 모른다. 폭포의 물줄기는 때에 따라 바뀐다. 졸졸 내려오기도, 콸콸 쏟아지기도 한다. 언제 가도 물줄기는 내려온다.

몇 년 뒤 팸투어로 다시 마노아 폴스 트레일을 찾았다. 그들은 이곳이 모두 처음이었지만, 하필 그날은 오전에 방문했다. 새벽녘 스친 비에 진흙을 피할 수 없었는데, 그 중 한 사람이 촬영을 하면서 "진흙이라 불편해서 오기 힘들다"라고 하는 걸 들었다. 그런데 하와이는 자연이 8할인 곳이다. 인위적으로 편한 걸 찾지 않는 하와이에서는 불편함 몇 개쯤은 감수해야 한다. 탄성을 자아내는 자연만 좋고, 그게 아닌 자연이 불편하다면 어불성설 아닌가. 목적지에 도착하기 위한 즐거움도 있지만, 마노아 폴스는 목적지에 도착하기까지 여정이 하나의 여행이었다. 그 여정이 조금 불편할지라도 말이다.

때마침 폭포 앞에 마노아 폴스 지킴이가 있었다. 「쥐라기 공원」 촬영에 관해 물었다. 그는 "어쩌다 그런 이야기가 나왔는지 모르겠다"라며 의아해했는데, 「쥐라기 공원」은 옆 식물원인 리온 아버리텀(Lyon

Arboretum)에서 촬영했다고 했다. 영화 촬영을 어디서 했는지, 그건 중요하지 않다. 분명한 건 입이 쩍하고 벌어지는 비경이라는 점. 피톤치드가 넘치도록 가득한 곳이라는 사실이다.

Hahai nō ka ua i ka ululāʻau.
비는 숲을 따른다.

🌺 ─────── 숲에는 모기가 있답니다. 숲 트레일 혹은 수목원 등에 방문할 때는 모기 기피제를 준비하는 게 좋습니다.

하와이에 가면 뭘 먹을까?

하이웨이 인 카카아코

"하와이 여행 가는데 뭘 먹을까요?" 하는 질문에 나는 이렇게 답한다. "맛있는 건 한국에 제일 많아요" 입맛이라는 건 지극히 개인적인 것이라 맛집 추천하는 일이 가장 어렵다. 하지만 하와이에서 꼭 먹어봐야 할 음식 리스트가 있다. 미국이니 햄버거, 피자도 먹어야겠지만, 미국 이전에 '하와이' 아닌가. 하와이 전통 음식 한 번쯤은 먹어보자는 게 내가 바라는 바다. 음식도 곧 문화이니 말이다. 이탈리아 젤라또, 이스탄불 케밥, 타이 쌀국수 등이 있는 것처럼 하와이에도 하와이에서만 맛볼 수 있는 음식이 있다. 바로 '포이(Poi)'다.

포이는 토란과의 작물로 만든 전통 음식이다. 토란을 하와이어로 '타로'라고 한다. 푸른 하트 모양의 잎과 보라색 뿌리가 특징인데, 하와이안들에게는 상징적 식물이다. 하와이에서는 타로를 잘 보살피면 살면서 평생 배고플 일은 없다는 속설이 있다. 타로의 뿌리를 잘 씻은 후 껍질을 벗겨낸다. 균등하게 자른 다음 찜기에 넣어 쪄준다. 타로 뿌리가 부드럽게 익을 때까지 찐다. 익힌 타로에 물을 첨가해 가며 계속 치대고 으깨어 죽처럼 만드는 것이다. 돌로 만든 절구를 사용하는 경우가 많은데, 집에서 만들 때는 믹서기를 사용하기도 한다. 미끈거리는 식감

이 마치 전분을 넣은 거 같다. 만들어서 바로 먹으면 달달하고, 며칠 발효시키면 약간 시큼함이 느껴지는데, 대부분 판매하는 것은 후자이다. 마트에서도 쉽게 구할 수 있고 전통 음식을 파는 전문 매장도 있다(많진 않지만, 몇몇 곳에서 자신들의 전통을 지켜가는 중이다). 포이는 하와이어로 '손가락'이라는 의미인데, 손가락으로 푹 찍어 먹기 좋아서라고 한다.

하와이 전통 음식을 파는 매장 중 손님이 많은 하이웨이 인 카카아코(Highway Inn Kaka'ako) 매장을 찾았다. 전통 음식이지만 현대적으로 재해석해 접근한 레스토랑이다. 1947년부터 영업을 시작했다고 하니 곧 100년을 향해 달려간다. 포이, 라우라우, 로미살몬 등이 나오는 하와이안 플레이트 런치를 주문했다. 포이는 로미살론과 함께 제공되는데, 로미살론은 사이드 음식이다. 토마토와 연어를 잘게 다져서 양파, 파 등의 채소와 잘 섞은 샐러드인 셈. 같이 먹으면 좀 더 감칠맛을 느낄 수 있어 포이를 판매하는 곳에서는 로미살론이 1+1처럼 따라붙는다.

테이블 위로 음식이 서빙되었다. 윤주는 아무 양념 없이 한입 먹더니 나쁘지 않다고 했지만, 표정은 '이게 무슨 맛인가?' '뭔가 의심스러운데'라고 말하고 있었다. 로미살론을 넣어 먹어보라고 하니 옆에서 식사 중인 중년의 여성이(우리가 여행객처럼 보였음이 틀림없다) 친절하게 거들었다.

"테이블 위에 있는 양념을 조금씩 넣어서 먹어봐요. 그럼 훨씬 더 맛있어."

테이블 위에는 간장, 설탕, 핫 칠리소스, 후추 등의 양념이 준비되어 있었다. "조금씩 넣어서 맛을 보다 보면, 네 입에 가장 잘 맞는 맛을 찾을 수 있을 거야”라고 덧붙였다(그렇게 설명하는데 로미살론만 고집할 수 없는 노릇이다). 중년 여성의 조언처럼 소스를 달리하니 맛도 조금씩 차이가 나기 시작했다. 피곤했던 탓인지 설탕을 넣었을 때가 입에 제일 잘 맞았지만. 포이와 라우라우(Lau Lau)를 번갈아 먹으며 입안의 단짠단짠 조화를 맞췄다.

라우라우는 돼지고기 혹은 생선을 타로 잎에 감싸서 찐 음식이다. 한국의 갈비찜이나 장조림과 비슷한 식감이다. 짠맛이 있어 밥이랑 먹으면 궁합이 좋은데, 밥 대신 포이랑 조화를 맞춰본다. 라우라우는 한국에서도 비슷하게 맛볼 수 있는 음식이어서 그런지 윤주도 그렇고, 내 입에도 먹을 만했다. 옆 테이블의 조언을 들어보니 민숭민숭 맛없게만 보이던 포이도 즐길 수 있었다. 둘이 한 그릇 뚝딱 비우고 우베(Ube, 자색고구마)와 코코넛 푸딩까지 깔끔하게 먹은 걸 보면 나름 만족

스러운 식사였다.

　마트에서 타로 칩, 맥도날드에서 타로 파이, 릴리하 베이커리(Liliha Bakery)에서 포이 모찌도 판다. 푸날루 베이커리(Punalu'u Bake Shop)에서는 타로 식빵도 판다. 알리 카페(ALII Coffee)에는 타로 라떼도 있다. 물론 아이스크림도 있고. 포이도 라우라우도 이들에게는 일종의 소울 푸드다. 한국 음식에 비교하자면 청국장 같다고 해야 할까. 누군가는 맛있게 한 그릇 비워낼 수도 있고, 또 누군가는 몇 숟가락 뜨다가 멈출 수도 있다. 하지만 그저 이들 식문화를 경험해 본 것만으로도 충분하지 않을까. 외국인들에게 청국장이 낯설 듯, 한국 여행자들에게 타로가 낯선 건 너무 당연한 일이다. 하지만 하와이 여행의 기억에 음식 맛 하나가 더해지길 바란다.

🌺 ——————　하와이도 섬이라 음식이 조금 짠 경우가 많습니다. 짠 음식이 싫다면 주문할 때 조금 덜 짜게 해달라고 요청하면 좋답니다. "Please make it less salty."

절벽 다이빙을 하는 사람들

와이메아 베이 비치

오아후 북쪽, 노스쇼어의 여름은 눈부실 만큼 예쁘다. 초록과 파랑의 조화가 멋스럽기 그지없고, 그라데이션을 한 듯한 바닷물은 투명할 만큼 맑다. 슬쩍 보아도 시선을 잡지만 오래 두고 보면 자연의 생동감과 그 찬란함에 반하지 않을 수가 없다. 와이메아 폭포에서 흘러내린 물이 바다와 만나는 곳, '와이메아 베이 비치(Waimea Bay Beach)'가 특히 그렇다. 겨울철에는 높은 파도로 국제 서핑대회가 열릴 만큼 유명한 반전이 있지만 말이다.

종일 윤슬로 반짝이는 노스쇼어의 바다를 보고 있으면, 은빛 아름다움의 끝은 어디일지 생각하게 된다. 때론 바람 따라 유연하게 발레를 하는 것처럼 보인다. 하늘이 제대로 열린 7월이었다. 83번을 드라이브하는 내내 '노스쇼어의 여름은 이런 거야!'라고 바다는 내게 말을 건네고 있었다. 이 유혹에 넘어가지 않을 자 누구란 말인가! 와이메아 베이 비치 주차장을 막 지나쳤는데, 도로 위에서 펼쳐지는 전경은 마치 그림엽서 속의 풍경을 그대로 눈앞에 펼쳐내고 있는 것 같았다. 그곳에서 사람들이 절벽 다이빙을 하고 있었다. 에메랄드빛 바다 위로 떨어지는 젊은 열정 한 방울이, 풍덩풍덩 떨어지는 도전 한 방울이 물보라

를 일으켜 이내 심장까지 퍼지는 거 같아 결국 차를 세웠다.

　여름철 와이메아 베이 비치는 주차장이 만차가 될 정도로 인기 있는 곳이라 비치 입구 도로변 갓길 주차를 한다. 그중 빈자리에 차를 세우고 말없이 바라봤다. 바다 위 우아한 백조처럼 요트도 몇 척이 떠 있고, 넓은 모래사장에서 여름을 즐기는 이들이 각자의 휴식을 만끽 중이다. 비치 암석 위로 사람들이 줄지어 오른다. 암석은 꽤 크다. 하나의 암석이지만 다이빙할 수 있는 포인트가 여러 곳이다. 높낮이가 차이가 있어 높은 곳도 낮은 곳도 있다. 바다는 고운 모랫바닥이며 파도는 없다고 할 만큼 잔잔하다. 주변에 이렇다 할 바위가 없어 다이빙하기 천상의 조건. 가만히 바라보는데, 다이빙할 때도 매너가 있다는 걸 알 수 있다. 누군가 뛰면 다른 높이에서 대기 중인 사람은 기다린다. 용감하게 올라

가지만, 막상 발을 떼기가 어려울 수도 있다. 그럴 때면 "You can do it" 하며 서로를 응원한다. '엄마, 나 살려' '에~이 모르겠다' '공중제비 기술 한 번 보여줄까' 하는 자세로 뛰어내리면 "슈-욱" "펑" "아" "치-우"라는 함성과 입수 때 물소리가 메아리처럼 들려온다. 뛰어내리는 스릴만큼 구경하는 이에게도 긴장감이 전해진다. 바라보는 것만으로도 충분히 동요될 만큼 말이다.

하와이에서 절벽 다이빙은 꽤 흔하다. 폭포에서도 하고 이렇게 바다에 암석(점프 록이라고도 부른다)이라도 있으면 다이빙하기 딱 좋다. 과거 하와이안들이 용기를 증명하기 위해 절벽 다이빙을 했다고 하는데, 예나 지금이나 그렇게 사람들은 바다로 뛰어든다.

겨울철에는 높고 단단한 파도가 성난 것처럼 바위를 삼켜버릴 것 같

지만, 여름은 그 어떤 곳보다 평화롭고 사랑스러운 곳, 노스쇼어. 여름
과 겨울의 매력이 180도 달라지지만, 자연의 미학만큼은 한결같다.

Mai huli aʻe i ke kai
바다를 등지고 있지 마세요.

오아후의 랜드마크에 오르다

다이아몬드 헤드

"엄마, 나 아빠 도움 없이 혼자 올라왔어!"

"헤-에엑"

6살 서후는 새로 산 무지개색 원피스를 입고 씩씩하게 다이아몬드 헤드 정상에 도착했다. 마지막 지점을 통과하면서 "엄마~" 하고 부르는데, 처음에는 환청인 줄 알았으나 이내 곧 씩씩하게 올라오는 아이의 모습이 눈에 선명했다. 다리에 힘이 풀린 채 쉬고 있던 혜진은 어디서 젖 먹던 힘이라도 끌어온 건지 벌떡 일어나 아이를 마중했다.

다이아몬드 헤드(Diamond Head)는 와이키키 인근에 있는 화산 분화구로 오아후의 대표적인 트레킹 코스다. 누구라도 쉽게 올라가는 코스지만, 어떤 사람에게는 이마저도 힘들 수 있다. 비포장 길에 약간의 경사가 계속 이어진다. 급기야 정상 부근에는 공포의 99계단도 있다. 물론 계단이 힘든 사람은 샛길로 오르면 된다. 20여 분 오르면 정상에서 펼쳐지는 경치가 오를 때의 고단함을 날려주는 곳이다. 다이아몬드 헤드는 와이키키나 호놀룰루에서도 쉽게 보이는 산인데, 멀리서 보면 높은 산처럼 보이지만, 높다고 하기에는 겨우 232m이다(분화구 형태의 고리 모양이다). 영국 탐험대가 분화구 부근에서 반짝이는 암석을 다이아

몬드라고 착각해 붙여진 이름인데, 가끔 보면 정상의 봉우리들이 반짝 반짝 빛이 나 보일 때도 있긴 하지만, 그 당시에는 지금보다 더 반짝였을 거라 믿어본다. 오아후 여행의 랜드마크와도 같은 곳이라 혜진 가족과 여행할 때 코스에 넣었다. 자연 풍경을 좋아하는 그들 부부에게 더할 나위 없는 장소라고 생각했지만, 고려하지 못했던 점이 체력.

정상에 입장하기 위해 우리 부부, 혜진 부부와 딸 서후 이렇게 다섯 명 예약했다. 혼자였으면 찍지도 않을 사진이지만, 친구 가족과 여행 중이니 입구에서 가볍게 기념사진을 한 장 찍고 출발하는데, 5분도 지나지 않아 간격이 벌어지기 시작했다. 혜진의 남편인 토니와 서후가 자꾸만 뒤처지고 있는 것. 토니가 정상까지 오는 게 무리일 수 있을 것 같아 렌터카 키를 토니에게 던졌다.

"우리 정상까지 금방 갔다 올 테니까 무리하지 말고, 힘들면 차에서 쉬고 있어요!"

남편, 나, 혜진은 빨리 갔다가 내려올 요령으로 속도를 냈다. 천국에서 지옥을 경험할 것도 아니고, 힘들면 아래에서 쉬어도 좋다고 생각했다. 혜진이는 오히려 "딸 없이 홀가분하게 등산하는 게 얼마 만이냐!" 하며 좋아했다. 육아로 체력이 고갈된 게 아니라 오히려 증진되었는지 제법 잘 올랐다. 중간중간 물 마시며 몇 차례 쉬었지만, 마음이 홀가분해서인지 금세 정상에 올랐다.

정상에 펼쳐진 파노라마 뷰를 보며 혜진은 "야! 올라올 만한 가치가 있다"라며 뿌듯해하는 눈치다. 시원한 바람이 땀방울을 식혀주니 상쾌함이 따로 없다. 해를 등지고 아무 자리에 앉았다. 다시 내려갈 힘이 필요했다. 잡힐 듯 잡히지 않은 풍경이 좀 더 있다 가라며 붙잡지만 밑에서 기다리고 있는 이들 때문에 마냥 머물 수는 없는 상황. 아쉬운 건 마음보다 엉덩이였나, 벌떡 일어나기가 왜 이리 어려운 건지!

그렇게 일어나기를 시도하는데, 익숙한 모자가 점점 가까이 오고 있

었다. 안경을 낀 남자의 얼굴은 이미 반쯤 넋이 나가 있고, 타박타박 올라오는 작은 아이의 얼굴은 모자를 썼음에도 토마토처럼 익어 있었다. 설마 '토니와 서후?' 상상도 하지 않았기에 얼핏 보고 넘겼다. 그리고 그들이 올라오기엔 시간이 너무 짧았다. 그런데 아이의 외침이 너무도 귀에 익은 것이어서 외면할 수 없었다.

한 번도 아빠에게 안기거나 업히지 않고 (실상 토니를 업어줘야 할 것처럼 보였지만) 씩씩하게 올라왔다는 서후는 가쁜 숨을 쉬어가며 "힘들지만 좋네" 하고 웃었고, 엄마인 혜진은 눈물이 차오르는지 이내 하늘을 바라봤다. 아이가 처음 느껴보는 성취감이었을지도 모르겠다. 모두 완주한 우리는 정상에서 단체 기념사진을 찍고 내려왔다. 주차장 의자에 앉아 바람을 맞으며 환하게 웃는 서후의 눈빛이 다이아몬드 헤드보다 더 반짝이고 영롱해 보였다. 우리는 아이의 대견함을 칭찬해 주기 위해 아이스크림 가게로 향했다.

He lei poina ʻole ke keiki.

아이는 잊혀지지 않는 레이와 같습니다.

🌺 —————— 다이아몬드 헤드 트레일은 예약(gostateparks.hawaii.gov/diamondhead)이 필수입니다. 렌터카를 이용해서 방문할 예정이라면 사람+주차 모두 예약해야 합니다. 예약은 한 달 전부터 가능합니다. 예약한 시간 30분 전후는 입장할 수 있습니다. 일출을 이유로 다이아몬드 헤드 방문하는 경우 있는데, 일출은 겨울 시즌만 가능하답니다. 일출 시간 오전 6시 40~50분 이후일 때만 정상에서 일출을 즐길 수 있답니다.

봐도 봐도 신기한 녹색 바다거북 '호누'

라니아케아 비치, 거북이 스노클링

"한국 여행자들은 거북이 보러 많이 오는 거 같아요!"

한국에서는 쉽게 볼 수 없는 해양 동물이라서 그런 걸까. 한국 여행자들은 거북이가 나타나는 라니아케아 비치(Laniakea Beach)에 꼭 가야 한다며 여행 전부터 "몇 시에 가야 볼 수 있나요?" "오늘 거북이 나왔나요?" 하는 질문을 많이 한다. 거북이를 보는 스노클링도 인기가 하늘을 찌른다. 코로나 이전만 해도 한국 여행자들에게 인기 있는 투어는 쿠알로아 랜치가 대표적이었는데, 코로나 이후부터는 소문이 얼마나 났는지 거북이 스노클링이 거북이 속도의 10배 정도로 빠르게 치고 올랐다.

태평양 한가운데 위치한 하와이에는 거북이가 많다. 멸종위기에 처한 보호종이라 법의 보호를 받는다. 그중에도 제일 쉽게 만날 수 있는 종이 녹색 바다거북이다. 하와이어로 '호누(Honu)'라고 하는데, 세상에서 가장 크고 딱딱한 껍질을 가진 바다거북이다. '녹색' 거북이라고 해서 색깔이 '녹색'이라고 생각하면 오산. 여느 거북이처럼 갈색이다. 조류와 해초를 먹으면 지방층이 녹색으로 변한다고 해서 붙여진 이름이란다.

비치에서 놀다 보면 무방비로 만날 수도 있지만, 모래사장 위로 올라와 햇볕을 쬐며 휴식을 취하는 모습도(체온을 높이기 위함) 심심치 않게 만난다. 뜻밖의 만남이 즐겁고, 휴식을 취하고 있을 때 만나면 마치 나를 기다리고 있는 듯 기쁘다. 70년 이상을 산다고 하는데 등껍질이 대문만 하게 큰 대왕 거북이를 본다고 해도 몇 살이나 되었는지 가늠하긴 쉽지 않다. 최근 거북이를 볼 때 가장 걱정되는 것이 플라스틱을 먹고 아픈 건 아닐까, 낚싯줄에 엉키지는 않았을까 하는 부분이다. 40년이 넘게 주정부에서 관리는 하고 있지만, 가끔 거북이 얼굴이나 몸에 종양 혹은 반점 같은 게 있으면 마음이 덜컥 내려앉는다. 실제로 섬유유두종증이라는 질병을 앓는 녀석이 많다. 콜리플라워처럼 생긴 종양이 몸에 붙어 있다.

특정 비치 한두 곳으로 한정할 수 없을 만큼 오아후에서는 거북이를 볼 수 있는 곳이 많다. 거북이 관련 안내 표지판이 있는 비치도 숱하다.

'3m 이상 거리 유지' '만지지 말기' '먹이 주지 말기'는 거북이를 볼 때 꼭 지켜야 할 규칙이다. 거북이를 지키는 자원봉사자가 있는 비치도 있다. 그들은 거북이가 모래사장 위로 올라오면 보호를 위해 라인을 서둘러 친다. 그들의 서식지를 지켜달라는 의미다.

물속이든, 모래 위든 거북이를 보면 이제 그만 신기해할 법도 한데, 나는 여전히 거북이가 반갑고 귀엽다. 비치 입구 암석에서 해초를 뜯어 먹는 모습, 모래사장 위로 올라오려다 파도에 뒤뚱하는 모습, 모래사장 위를 힘껏 올라오는 모습, 가만히 눈 감고 쉬는 모습 등 세상 귀여운 녀석이라 남편과 비치에 가더라도 내 관심은 온통 거북이다. 거북이랑 한참을 놀다가 남편 옆에 앉으면 볼멘소리하기 일쑤다.

"그렇게 좋아? 도대체 얼마나 많이 봤는데 여전히 처음 보는 것처럼 흥분하면 어쩌냐?"

이제 막 모래사장 위로 올라온 녀석은 등껍질에 물기가 남아있어 얼핏 보면 작은 암석과 비슷해 보여 거북이인지 암석인지 모를 경우도 있다.

거북이 스노클링도 인기다. 와이키키 앞 바다에 거북이 밭이 있다고 한다. 구글 지도에도 보면 터틀 캐년(Turtle Canyon)이라고 표기되었다. 개별적으로 이동은 할 수 없고, 투어를 이용해야 한다. 케왈로 베이슨 하버(Kewalo Basin Harbor)에서 출발하는 배를 타고 터틀 캐년에 도착하면 주변으로 배가 7~8대 정도 모인다. 모두 거북이 보러 온 투어 프로그램이다. 물 위에 올라와 휴식 중인 거북이와 바닷속에서 만나는 거북이는 좀 다른 느낌인데, 바닷속 거북이가 야생미가 더 넘친다고

할까! 바다에서 보면 좀 무섭기도 하면서 신기하다. 한국 사람 외국 사람 할 것 없이 거북이 100% 보장인 이 투어를 하기 위해 모이는데, 옹기종기 모인 배들 사이로 거북이 보겠다며 다들 머리를 물에 넣고 스노클링하는 모습이 재밌으면서도 조금 우스꽝스러워 보이기도 하다. 다들 거북이 보겠다고 혈안이 되어 있는 것 같아서 말이다(물론 나도 그랬지만). 여행객들도 거북이를 보면 놀란 마음 감출 수 없겠지만, 반면 거북이도 이 많은 사람을 보면 놀라지 않을까 싶은 생각도 든다(거북이는 수중 시력이 뛰어나다고 한다).

하와이안들은 거북이가 신들이 인간을 지켜보기 위해 변신한 모습이라고 생각했다. 그래서 바다에서 길을 잃었을 때 거북이가 보이면, 안전한 방향으로 인도해 준다고 전해지기도 한다. 어찌 되었든 거북이가 낯설지만, 신기한 건 사실이다. 그래서 보고 싶은 마음도 커지는 것일 테다. 하와이에서 바다 거북이를 보면 재물을 얻는다고 한다. 행운의 상징으로 삼는 것! 하와이 여행에서 바다 거북이를 보는 모든 여행자에게 행운이 따르기를.

Try to be like the turtle – at ease in your own shell.
– Bill Copeland
거북이처럼 당신만의 공간에서 편안하게 지내세요.
– 빌 코펠랜드(시인)

훌라로 말하는 사람들

"훌라는 안 배워?"

내가 하와이를 좋아한다는 걸 아는 지인들은 내게 꼭 한 번씩 묻는다. 나는 지금까지 훌라를 배워본 적이 없다. '배워볼까?' 하고 생각해 본 적은 있지만, 실천에 옮기는 건 쉽지 않다. 대신 주변에 훌라 하는 이들은 많다. 최근 몇 년 사이 무슨 바람인지 한국에서도 훌라 레슨 클래스와 공연 팀이 많아졌다. 처음에는 서울, 부산 몇 곳에서 레슨하더니 점점 다양해져서 대구, 제주 등에서도 클래스가 열린다. 유산소 운동으로 전신에 효과가 있고, 치유에도 도움이 되는 운동이라 암 환우들의 치유 프로그램으로도 활용된다고 한다.

훌라(Hula)는 폴리네시안의 춤으로 하와이어로 '춤추다'라는 뜻이다. 전해지는 이야기를 보면 문자가 없었던 고대 하와이안들이 자신들의 역사, 문화, 전통 등을 보존하기 위해 노래와 리듬에 맞춰 수화 같은 손동작과 몸짓으로 표현했다고 한다. 그래서인가 손동작 하나하나가 의미를 담고 있는데, 종종 오아후 호텔이나 쇼핑몰에서 열리는 무료 강습을 청강해 보면 살랑살랑 춤추는 물고기, 찰랑찰랑하는 파도, 반짝이는 별, 팔을 머리 위로 동그랗게 만들어 달 등을 표현하는 동작이

라고 설명한다. '아침이 밝았고 바다에 나가자. 그물을 던져 물고기를 잡자. 물고기로 맛있는 요리를 해서 사랑하는 가족들과 맛있게 먹자' 이런 식으로 간단하지만 은유적 표현이 감칠맛 난다. 주로 파도, 바람, 비, 꽃, 달 등이 자주 나오는데, 특히 '달'은 여신 히나(Hina)를 상징하는 거라고 했다(히나는 고대 하와이 사람들에게 뮤즈 같은 존재이다).

오아후에서 열리는 다양한 무료 훌라 공연을 볼 때면 여성보다 더 유연한 몸짓의 남성 댄서도 볼 수 있다. 사실 훌라는 남성들이 추던 춤이었다. 20세기까지 지속되어 오다가 개신교 선교사들이 유입되기 시작하면서 한때 금지된 적도 있다. 지금처럼 공공장소에서 훌라를 출 수가 없었다(요즘은 어디서든 다 춘다). 단순히 춤추는 행위에 대한 금지라기보다 하와이 전통과 문화를 끊으려고 했다. 물론 칼라카우아 국왕 시기에 부흥되기는 했지만 말이다. 요즘 쉽게 만나는 현대적인 훌라, 즉 음악을 틀어 놓고 하는 경우를 훌라 아우아나(Hula 'auana)라고 한다. 서양의 음악과 결합하면서 등장한 것이다. 반면 훌라 카히코(Hula kahiko)는 전통 양식의 훌라로 역사적인 구호나 원형으로 깎은 코코넛 나무의 속을 비우고 소나 상어 가죽을 얹은 드럼 형태의 파후(Pahu), 목이 좁은 박을 왼손으로 잡고 오른손으로 치는 이푸(Ipu) 등의 전통 악기 연주에 맞춰 공연한다.

훌라를 추는 모습을 보면 복장도 복장이지만 그보다 표정에 집중하게 되는데, 어쩜 그렇게 감정이 충만한 표정인지 도무지 따라 할 수 없다. 흉내 낸다고 흉내 내어지는 게 아니기 때문이다. 곡의 한 소절 한 소절 의미를 생각하면서 움직여야, 가슴 깊은 곳에서 그 의미를 느낄 수 있어야 가능한 일 아닐까 하는 생각이 들어 경이로울 따름이다. 진심을 다해 춤을 추는 댄서를 보면, 표정이 곧 하나의 문장처럼 느껴진다.

잔걸음으로 가볍게 움직이면서 천천히 곡선을 그리는 그 춤 선 자체가 알로하 바이브처럼 따뜻하고 정겹다. 보고 있으면 평화로움이 느껴지기도 하는데, 막상 내가 한다고 생각하면 용납이 되지 않는다. 하와이 인연이면서 훌라 강습을 하는 민정 언니도 "성혜, 훌라에는 정답이 없어. 그러니 한번 배워봐!" 하는데 마음처럼 쉽지 않다. 춤은 누구도 해치지 않고 누구도 원망하지 않는다고 한다. 부디 훌라춤을 추는 모든 이들이 그런 마음이기를. 당신의 훌라도 자연에 몸을 맡기듯 그 순간 여유로워지기를.

Kuhi no ka lima, hele no ka maka
Where the hands move, there let the eyes follow.
손이 가는 곳에 시선이 따릅니다.

오션뷰를 예약했습니다만

'어, 이 건물은 나 지난번에 어학원 다녔던 그 건물이잖아! 나 오션 뷰 예약했는데. 오션은 어디 있는 거지?'

프런트 데스크에 다시 내려가 물었다.

"난 오션뷰를 예약했는데, 이 객실이 오션뷰일까?"

체크인을 도와준 조셉이라는 이름의 직원은 객실 룸 타입을 소개하는 파일을 들고 나에게 보여줄까 말까 우물쭈물했다. 페이지를 찾아서 보여주려고 했던 것 같다. "오션뷰가 맞긴 한데, 손님들이 이해하기…."

말을 끝까지 하지 않고 얼버무렸다. 본인이 해줄 수 있는 건 좀 더 고층으로 변경해 주는 것밖에 없다고 했다. 원래 배정받았던 22층에서 29층으로 올라왔다. 최소한 어학원 건물이 시야를 막고 있지는 않았다. 따스하다 못해 뜨거운 볕이 한가득 침실로 들이쳤고, 저 멀리 바다가 보이긴 했다. 22층 객실에서도 몸을 측면으로 틀어 까치발을 하면 보이긴 했지만, 그럴 거면 애초에 '파셜 오션뷰(Partial Ocean View)'라고 해야 하지 않았을까 의심이 들었다.

새로 받은 객실에 앉아 곰곰이 생각했다. 호텔 공식 홈페이지에서도 다시 한번 확인했다. 이곳은 와이키키 내 호텔과 달리 오션뷰만 나오기 어려운 위치였다. 바다 바로 앞도 아니고 알라모아나 지역 높은 건물 사이에 신축으로 지어진 호텔이기 때문이다. 오션뷰라기보다 '호놀룰루 뷰'가 어쩌면 더 맞을지도 모르겠다는 생각이 들었다. 산, 도시, 바다가 모두 동시에 보이는 그런 뷰 말이다.

좋은 뷰가 있는 호텔 객실에 투숙하겠다는 건 누구나 꿈꾸는 하와이 여행의 로망이다. 객실 뷰가 중요하다고 여기는 사람도, 반대로 큰 의미를 두지 않는 사람도 있다. 후자라면 애초 객실 예약할 때 오션뷰보다는 시티뷰나 마운틴뷰로 하겠지만 말이다.

오션뷰, 끝없이 펼쳐지는 망망대해, 이른 아침이면 모든 것들이 점점 선명해지기 시작한다. 하늘도 햇살도 파도까지 말이다. 지난밤 파도 소리가 자장가 같았다면, 아침의 잔잔한 파도는 단잠을 깨우는 속

삭임이다. 눈을 게슴츠레 떠 커튼을 조심스레 연다. 반쯤 감긴 눈으로 마주한 풍경은 점점 잠을 깨우기 시작한다. 바다 위에서 물결을 기다리는 서퍼, 조각배처럼 움직이는 세일링 선박들이 바다의 자유를 선사한다. 물감을 풀어둔 것 같은 투명하리만큼 눈부신 바다의 색이 현실이 아니라는 걸 다시 한번 일깨워 준다. 윤슬이 몰아치는 시간이 되면, 스파클링와인처럼 청량감을 더해주는 듯 마음마저 톡톡 튄다. 구름의 움직임을 따라 시선을 움직이다 보면 손에 잡힐 듯 말 듯한 구름이 도망가듯 움직이는 게 슬로우 모션 화면 같다. 밤이 되면 차분하고 고요해진다. 조명 하나 없는 와이키키의 밤바다는 까맣다. 밝은 것이라고는 달과 별이 전부다.

　밤이면 오히려 마운틴뷰 혹은 시티뷰가 볼거리가 넘친다. 빌딩과 주택마다 차례로 들어오는 불빛들이 따스함을 느끼게 한다. 옹기종기 모인 건물과 주택에 하나둘 점등되는 물결이 어쩌면 도시의 파도와 같은

건 아닐까. 불빛과 자연이 어우러진 야경에 로맨틱함이 더해진다. 그 사이로 결이 다른 평화로움이 전해지기도 한다. 마운틴뷰라면 다이아몬드 헤드 뷰를 뽑을 수 있지만, 알라와이 하버와 함께 즐기는 마노아 지역의 마운틴뷰 역시 빼놓을 수 없는 풍경이다. 산을 넘어오는 구름의 모습이 이보다 더 다이나믹할 수 없다. 일출 전 펼쳐지는 코튼 핑크의 향연이 절로 밖으로 뛰어나가게 한다.

바다를 가까이에서 보는 것도, 바다를 멀리서 보는 것도 모두 오션뷰가 맞지! 마운틴뷰라고 산을 가까이에서 보는 것도 아니고, 멀리서 전체를 조망하는 것인데 말이다. 하와이를 잘 안다고 생각했는데 나는 어쩌면 아직도 여행자의 마음이 더 큰가 보다. 오션뷰, 마운틴뷰, 시티뷰, 그 어떤 뷰가 되든 '이곳은 하와이야!'라고 말해줄 것이다. 이미 날씨 하나만으로도 하와이니깐 말이다.

그래, 이 파셜 오션뷰인지 시티뷰인지 빌딩뷰인지 모를 이 호텔 객실도 조금 떨어져서 보니, '와이키키를 온전히 즐길 수 있게 해주는 뷰겠구나' 하고 생각의 회로가 바뀌었다. 오션뷰에 대한 기준을 새로 써준 이 호텔에게 감사해야 할까. 멀리서 보아도 와이키키는 평화롭고 아름답다.

May the rhythm of the ocean guide you to a life filled with joy and serenity.
바다의 리듬이 당신을 기쁨과 평온이 넘치는 삶으로 이끌기를 바랍니다.

천국에서 아침을 맞이한다는 건

마카푸우 포인트 등대 트레일

에어프레미아 항공사가 하와이 노선을 취항하면서 (비정기편이지만) 인플루언서 두 명을 선발해 하와이를 보내준다는 광고를 봤다. 내가 인플루언서는 아니지만, 또 하와이 하면 빠질 수 없는 사람이지 아니한가. 당연히 일말의 기대도 없이 신청하고, 당첨자 발표날 이렇다 할 연락이 없기에 역시나 당연히 '땡'이구나 하고 마음을 접었다. 공지된 당첨자 발표 다음 날, 일을 마치고 아무 생각 없이 휴대폰을 잡았다. 뉴스보다 왠지 메일함을 먼저 확인하고 싶어 클릭하니 '하와이로 가는 첫 여정에 함께해 주세요! 당첨을 축하드립니다'라는 새 메일이 도착한 거 아닌가! 차에 앉아 휴대폰을 봤으니 망정이지 길바닥이었으면 방방 뛰고 소리를 질렀을지도 모른다.

스케줄 맞추기 힘든 남편은 연말연시 일정이라 꼭 같이 가고 싶었던 모양인지 알아서 조절했다. 같은 항공사 티켓을 유료로 한 장 더 예약해 함께 갔다. 에어프레미아 항공사의 첫 취항이 12월 31일이었던 터라 2023년의 마지막 날을 두 번이나 보냈다. 팸투어로 온 여행이었지만, 새해 첫날은 이렇다 할 일정이 없었다. 그렇다고 의미 없이 보내고 싶지 않아 오아후에서 새해 일출을 보자고 다짐했다. 그냥 일출도 아니고 새해 첫날 일출. 그것도 하와이에서!

하와이에서 겨울 시즌에 일출을 볼 수 있는 곳이 다이아몬드 헤드 트레일인데, 주립 공원이라 1월 1일은 휴무이다. 로컬 동생 동준이도 여태 한 번도 새해 일출을 본 적 없다며 같이 움직였다. 새벽에 만나 동쪽으로 길을 나섰다. 시차 적응이 되지 않았던 때라 졸음과의 싸움에서 이겨보고자 주유소 편의점에서 커피와 무스비를 샀다. 새해에도 부지런히 일하는 이들이 이렇게 가까이 있었다. 우리가 도착한 곳은 마카푸우 포인트 등대 트레일(Makapu'u Point Lighthouse Trail). 트레일 주변으로 갓길에 주차된 차량 행렬이 끝이 없다. 줄줄이 비엔나소시지처럼 이어진 주차 공간은 이미 먼저 온 이들의 차로 가득했다. 1월 1일 아침 펠레(Pele) 신의 가호가 있길 바라야 했다. 입구에서 너무 멀지 않은 곳에 주차해야 좋지만, 그것마저 바라면 욕심이니 '마음을 내려놓

자' 했는데, 곧 자리 하나가 보였다. '펠레 신이 들은 거 아냐?'

　차갑지만 싫지 않은 바람이 여느 때처럼 불어온다. 어둠을 걷어 내기 전이라 몇몇 사람들이 헤드랜턴을 들고 걷기 시작했다. 간간이 비

치는 누군가의 빛이 우리에게도 길잡이가 되어주었다. 마카푸우 포인트 등대 트레일은 문명의 힘이 닿아있는 곳이라 아스팔트로 잘 정비되었다. 유아차, 휠체어도 충분히 오르는 길, 한국으로 비교하면 무장애 길이라고 할까. 아침부터 힘 빼고 싶지 않은지 정상까지 오르는 이들보다 트레일 중간중간 자리를 잡은 이들이 더 많아 보인다. 남편도 정상에 가면 사람들이 많아서 오히려 편히 보지 못할 거라며 중간 정도 언덕에서 걸음을 멈췄다. 새벽의 고요함보다 설렘이 더 커져 있는 시간이지만, 커져 오는 허기도 달래야 했기에 편의점에서 사 온 무스비를 하나씩 먹는다. 오아후가 좁은 건지 일출을 보기 적당한 곳이 이곳뿐이라 그런지 지인들이 한 명씩 눈에 띄기 시작한다. 웅얼웅얼 무스비를 먹다 말고 인사해야 하니 민망하지만, 그래도 안 해서 민망한 것보다 낫다.

마치 공연이 시작되기 전 무대 위 커튼이 열리는 것처럼 구름이 길을 열어주는 것 같은 모양새다. 밤새 바다가 품고 있던 해가 천천히 모습을 비추기 시작한다. 조금씩 떠오르는 금빛 기운이 울림으로 다가온다. 새해 첫 해가 명징하게 하늘로 올랐다. 시선을 뗄 수 없다. 새날이다. 새날을 하와이에서 맞이하다니. 나에게는 이 사실이 더 의미 있다. 서로의 희망을 응원한다. 모두의 희망이 떠오르는 해처럼 방긋 빛나기를, 붉은 해처럼 오래 지속되기를, 타오르기를!

새해를 품고 정상에 있던 사람들이 우르르 내려온다. 헤드랜턴이 필요 없어진 시간, 사람들의 발걸음이 가벼워 보인다. 앞서거니 뒤서거니 하며, 내려오는데 저 멀리 무지개가 슬쩍 마중 나왔다. '새해 첫날

일출 보러 와서 무지개까지 보다니, 하와이에 있는 것이 맞긴 하구나!'

한국이면 떡국이나 만둣국 한 그릇 든든하게 먹을 텐데, 식전주로 마신다는 칵테일 미모사(Mimosa, 샴페인과 오렌지주스를 섞는 칵테일)와 로코모코를 다이아몬드 헤드에 걸린 해님과 함께 즐긴다. '신이 세상을 창조하다 마지막 순간에 천국을 만든다는 걸 깜빡한 것을 깨닫고 만든 곳, 그곳이 바로 하와이다'라는 말이 있다. 그 천국에서 새롭게 시작할 힘찬 기운을 맞이한다.

If lost, return to Hawaii

길을 잃으면 하와이로 돌아오세요.

🌺 —————— 마카푸우 등대 트레일은 왕복 1시간 20분가량 소요되는 코스입니다. 누구나 오를 수 있도록 정비가 잘된 곳이지만, 오르막이 계속되는 구간입니다. 혹등고래 시즌인 12월~4월까지는 혹등고래 모습을 관찰할 수 있는 포인트입니다.

바다와 숲과 공원의 풍요가 공존하는

　오아후 여행을 준비해 보면, 이것도 해야 할 것 같고, 저것도 해야 할 것 같다. 비행기 타고 태평양을 건너 오아후까지 갔는데, 액티비티를 꼭 하나 해야 할 것 같은 마음이 든다. 종종 주변에서 꼭 하나만 해야 한다면 무얼 해야겠냐고 묻는 경우가 있다. 정답은 없다. 성향에 맞는 액티비티를 하나쯤 선택해서 하는 것도 하와이를 즐기는 방법이 되지만, 하지 않는다고 해서 이상한 건 아니다.

　비용 지불하는 투어가 아니더라도 할 수 있는 것이 많다. 유럽 여행에서 거리를 거닐며 건축물을 보는 것만으로도 좋다고 하는데, 오아후에서도 비슷하다. 지천으로 널린 것이 바다고 숲이다. 그 자연을 즐기는 것만으로도 잘 보낼 수 있다. 트레일, 식물원, 공원 등 주위로 살짝 눈만 돌려도 할 수 있는 게 많다. 마트에서 바디 보드(Body board)를 장만하거나, 렌탈숍에서 대여한 다음 바다로 가보자. 바디 보드는 서프보드 절반 크기로 스티로폼 재질로 된 것이다. 몸 상반신 정도 보드에 올린 후 파도를 타는 것인데, 레슨 없이도 쉽게 탈 수 있다. 아이도 어른도 물 몇 번 먹고 나면 자신감을 장착하게 된다. 오아후 내 파도가 높지 않은, 예를 들면 와이키키 내 퀸스 비치(Queens beach), 와이마날

로 비치(Waimanalo beach), 동쪽 라니카이 비치(Lanikai beach) 같은 곳은 초보자도 쉽게 즐길 수 있다. 다만, 버락 오바마(Barack Obama)가 유년 시절 바디 보드를 즐겨 탔다고 알려진 샌디 비치(Sandy beach)는 파도가 높아 쉽게 권하지 않는다. 샌디 비치는 현지인 친구들이 바디 보드를 즐기는 곳인데, 그들은 여행객처럼 보이는 이들에게 다가와 "여기 쉽지 않은 곳이야" 하고 주의를 준다. 사실 샌디 비치의 또 다른 이름이 '브로큰 넥 비치(Broke neck beach)'라는 걸 아는 사람은 많지 않다. 파도가 높아서 초보가 타기에는 부상 발생 빈도가 높은 곳이라 붙여진 이름이다. 안전한 곳에서 재미있게 즐기자!

샌디 비치 인근에 있는 코코 크레이터 식물원(Koko Crater Botanical Garden)은 작은 분화구인 코코 크레이터(Koko Crater) 안에 있다. 플루메리아가 만개할 때 방문하면 장관이 따로 없다. 물론 길가에 흔한 꽃이 플루메리아이지만, 이곳은 군락지처럼 형성되었다. 플루메리아 외

에도 기상천외한 선인장이 마치 '사막'에 와있는 듯한 기분을 느끼게
한다. 조용하게 산책이나 트레일 하기에 제격인 곳이지만, 모기에게
한두 번 정도 헌혈할 수는 있다. 좋은데 무료입장인 식물원은 또 있다.
호오말루히아 식물원(Ho'omaluhia Botanical Garden)이다. 처음 이곳에
갔을 때 멧돼지를 보고 뒷걸음질을 친 적이 있는데, 이후 바다에서 거
북이나 몽크씰을 만나는 것처럼 흔한 일이라는 걸 알게 되었다(골프장
에서도 종종 멧돼지와 조우한다). '동식물과 인간이 공존하는 자연의 바람
직한 모습이 이런 곳일까?' 하고 생각해 본다. 호오말루히아 야외식물
원은 출입구에서부터 코올라우 산맥의 장엄한 산세에 압도당하는 곳
으로 한창 SNS 인증사진 장소로 인기였지만, 안전을 이유로 더 이상
인증사진을 남기기 어렵다. 마치 웅장한 병풍을 세워둔 것 같은 모습
으로 맞이해주는 식물원에 들어가면 절로 걸음을 멈추고 노래 한 가락
흥얼거리게 한다. 잔나비 '초록을 거머쥔 우리는' 윤종신 '식물원'이 이
곳에서의 나만의 플레이리스트이다. 하와이어로 '평화로운 피난처'라
는 뜻이 찰떡처럼 잘 어울리는 장소이다(호오말루히아 식물원에서는 주말
오전 무료 낚시를 할 수 있다).

　걷는 것을 선호하지 않는 이들도 있지만, 트레일은 가장 손쉽게 하와
이 자연을 즐기는 놀이 중 하나다. 가벼운 마음으로 와이키키 역사 트
레일을 해봐도 좋다. 와이키키-알라와이 하버 곳곳에 서프보드로 만
든 안내판이 있는데, 산책 삼아 걸으며 와이키키의 역사를 살펴볼 수
있다. 하나우마베이는 스노클링을 위한 장소로만 알고 있겠지만, 사실
스노클링을 하지 않고도 이곳을 품을 방법은 또 있다. '하나우마베이

리지 트레일(Hanauma Bay Ridge Trail)’이다. 약간의 경사는 있지만, 왕복 30분이면 충분히 하나우마베이의 또 다른 모습을 누릴 수 있다.

트레일 없이 렌터카로 호놀룰루 풍경을 조망할 수 있는 곳도 있다. 푸우 우알라카아 주립공원(Puu Ualakaa State Park)과 탄탈루스 전망대이다. 푸우 우알라카아 주립공원은 뷰 포인트와 피크닉 에어리어 두 곳으로 나뉘는데, 대부분 뷰 포인트로 향한다. 자연과 함께 펼쳐지는 마천루를 그저 말없이 바라보게 된다. 로컬, 여행자 할 것 없이 선셋을 즐기기 위해 찾는 이들이 많다. 선셋시간에 맞춘다면, 비치 타월에 가벼운 저녁 준비해서 피크닉과 선셋을 동시에 즐겨보라고 권하고 싶다. 오아후에서 이보다 더 로맨틱한 순간은 없다. 그렇다고 선셋만 고집할 필요도 없다. 한국 귀국을 위해 호놀룰루 공항으로 이동하는 길, 이곳에 들러 오아후와 인사를 나누는 건 나의 마지막 루틴이기도 하다. 피

크닉 에어리어는 뷰 포인트와 다른 매력을 가졌다. 나 홀로 사색을 즐기기 더할 나위 없이 좋은 공간이라 꽁꽁 아껴두고 싶다. 만약 하와이에 산다면, 생각할 거리가 있을 때 고민하지 않고 자동차 핸들을 이곳으로 돌릴 게 뻔하다. 한때 고구마 밭이었던 장소가 이제는 공원이 되어 하와이를 찾는 이들에게 평안한 위로가 되어준다. 주립공원 아래 있는 탄탈루스 전망대는 번듯한 시설 하나 없는 도로 갓길일 뿐이지만 오아후 최고의 야경 전망대 역할을 톡톡히 한다. 선셋 후 하나씩 불을 밝히는 호놀룰루의 전경이 근사하다. 편하게 낭만을 더할 수 있는 장소이기에 놓칠 수 없다.

가장 손쉽게 와이키키를 즐기는 것 중 좋은 건 가볍게 공원에 가는 것. 와이키키 내 포트 드루시 해변 공원(Fort DeRussy Beach Park), 샌스 수시 스테이트 레크리에이셔널 공원(Sans Souci State Recreational Park)이 제격이다. 두 곳 모두 로컬들은 안방처럼 즐기는 공원이기도 한데, 거창한 준비물은 필요 없다. 비치타월 한 장이면 오케이. 야자수 그늘에 비치타월 펴고 누워 있자면, 바람이 스며들어와 마음을 안정시켜준다. 하와이를 N번씩 여행으로 찾는 이들이 하는 표현 중 '굳이 뭘 하지 않아도 좋다'라는 말이 있다. 특별히 많은 걸 하지 않아도, 자연을 충분히 잘 느끼는 것만으로도 여행은 성공이다.

미국 역사의 아픔을 간직한 곳

진주만

진주만을 찾은 건, 세 번째 하와이 방문 때이다. 전쟁이나 세계사에 큰 관심이 없어서 외면했던 곳이지만, 호놀룰루 공항에 이착륙할 때면 진주만은 언제나 한결같은 모습으로 반겼고 또 배웅했다. 진주만은 미국 역사의 아픔을 간직한 곳이다. 동시에 오늘날 미국의 국방력을 보여주는 단면이기도 하다. 1941년 12월 7일, 느긋한 일요일 점심, 일본의 공습은 미국을 제2차 세계대전에 개입하게 만드는 계기가 되었다. 일본은 당시 태평양에서 가장 중요한 미국의 해군 기지를 공격하고 짧고 강렬한 전쟁을 통해 태평양 지역의 우위를 점하고 싶어 했다. 결론적으로 그들의 계산은 뜻대로 이뤄지지 않았지만 말이다.

진주만은 현재 미국의 히캄 합동기지(Joint Base Pearl Harbor-Hickam)로 미국 공군과 해군이 함께 주둔하고 있는 군사지역이면서 동시에 전쟁의 참혹함을 들여다볼 수 있는 역사박물관이기도 하다. 그것도 '국립(National)' 기념관이다.

일본 공습으로 제2차 세계대전이 시작된 전함 애리조나호(USS Arizona), 당시 폭탄이 떨어지고 총알 날아든 흔적을 고스란히 간직한 태평양 항공박물관(Aviation Museum), 1945년 9월 일본이 항복문서에 사인하며 전쟁의 종결을 맞이한 장소이면서 한국전쟁 때 미국 전함으로는 처음 한반도에 도착해 흥남철수작전에 결정적 역할을 한 미주리호(Battleship Missouri Memorial), 제2차 세계대전 당시 참전한 보우핀 잠수함 박물관(Submarine Museum)까지.

이역만리에 있는 남의 나라 전쟁에 관심이 없을지도 모르지만, 미주리호 경우 한국전쟁 때 활약을 한 것이라 당시를 기억하는 연령대라면 회상에 젖을 수 있다. 또한 배를 좋아하는 아이들에게는 더할 나위 없는 교육의 현장이 된다. 물론 역사의 한 페이지를 경험할 수 있는 걸음이 되기도 한다.

진주만에 가면 유독 군인에 대한 미국 시민들의 태도를 느낄 수 있다. 미국은 '참전용사' '군인'에 대한 예우가 높다. 애리조나호는 당시 가장 큰 피해를 본 전함으로 가라앉은 선체를 옮기지 않고 그 자리 위에 기념관을 지었는데, 이 기념관이 흰색이다. 애리조나호에 이동하기 위해서는 진주만국립기념관 페리 선착장에서 2~3분 정도 배를 타고 이동해야 하는데, 이 페리를 운항해 주는 이들도 흰색 제복을 입고 있다. 이 색은 다름 아닌 미국 해군을 상징하는 것이다. 애리조나호를 둘러본 다음 하선할 때 제복을 입은 해군의 두 손을 꼭 잡은 풍경, 혹은 감사 인사를 하는 모습은 심심치 않게 접하게 된다. 사연이야 제각각일 테지만, 그저 전쟁의 상처를 품은 곳이라는 의미보다 역사와 마주하고, 누군가의 가족이었던 젊은이들이 나라를 위해 목숨 바친, 숭고한 장소라서 그런지 미국 시민들의 마음이 유독 더 깊어지는 모양이다.

진주만의 영어 명칭은 펄 하버(Pearl Harbor)이다. 원래 하와이 원주민들이 진주를 채취하던 곳이다. 그곳에 잠든 젊은 영혼들의 패기만큼이나 반짝이는 진주가 어디 있을까. 고요하게 날리는 성조기 아래 새겨진 한 사람 한 사람 군인 이름을 보며, 얼굴조차 모르는 그들의 숭고한 정신에 잠시 고개를 숙인다.

The only thing we have to fear is fear itself.
- Franklin Roosevelt

우리가 두려워해야 할 단 한 가지는 바로 두려움을 갖는 것 그 자체이다.
-프랭클린 루스벨트(정치인)

진주만 방문 시 애리조나호는 예약(recreation.gov/ticket/233338/ticket/16) 추천합니다. 워크인 방문도 가능하지만, 입장 시간을 예측할 수 없어 웨이팅이 발생하는 곳입니다. 예약 수수료가 1$ 정도 발생하지만, 예약하는 것이 시간 관리에 효과적. 다른 시설은 워크인 방문해도 문제없습니다. 진주만은 입장 시 가방을 들고 들어갈 수 없는 곳입니다. 가방 안 내용이 모두 보이는 투명 가방 종류만 갖고 입장할 수 있습니다. 차량 내 트렁크에 보관하거나, 진주만 입구에 가방 맡길 수 있는 곳이 있습니다(유료).

꼭 한 번은 알로하를 느껴보기를,
하와이를 만나보기를

내가 처음 마주했던 하와이는 불안과 설렘을 넘어서서 평온함 그 자체였다. 호텔 체크인을 하며 만난 직원은 마치 여러 번 만난 사람처럼 친근했다. 무슨 행운이 따랐는지, 호텔 기본 객실이었던 가든뷰를 예약했지만, 체크인하며 배정받은 방은 그 호텔에서 두 번째로 좋은 스위트 객실이었다. 객실에 거실, 다이닝룸이 따로 있었고, 침실에는 그보다 더 넓은 욕실이 있었다. 물론 라나이도 있고, 그곳에 앉으면 저 멀리 초승달 모양의 섬이 보였다. 그 좋은 방에서 보는 선셋을 두고 굳이 왜 호텔 풀장으로 나왔는지 모르겠다. 4월 바람에 일렁이는 초록 물결은 따스했다. 싱그러움으로 넘실거리는 정원을 따라 풀장까지 산책했다. '어서 와' 하며 환영해 주는 파도 소리가 어렴풋이 들려왔다. 모래사장 위 야자수가 비슷한 간격으로 자라나 있었고, 호텔 메인 풀장 선베드에 앉아 그 모습을 보자니 마치 야자수 나무가 선셋을 위한 해먹처럼 보였다. 시원한 맥주 한잔을 남편과 나눠 마시며 금빛으로 물들어 가는 바다를 품어보려는 찰나, 한국의 바다에서는 전혀 다른 물결이 요동치고 있었다. 나를 환영해 주던 그 바다는, 누군가에게는 적막하고 차디찬 바다가 되고 있었다. 첫 하와이 여행 내내 밤마다 한국발 세월호 뉴스에서 시선을 거둘 수가 없었다. 태평양 바다가 그저 아름다워 보이지 않았다.

바다는 너무 많은 얼굴을 가지고 있다. 하와이를 다니면서 바다를 유심히 바라보게 되었다. 어디서든 멍을 때리다 보면, 그 앞에는 어김없이 바다가 있다. 바다는 무서웠다가도 즐거움을 나눴다. 고요하면서도 요란스러웠다. 평화롭다가도 날카로웠다. 따뜻하면서도 차가웠다. 레이첼 카슨은 『우리를 둘러싼 바다』에서 이렇게 말했다.

'바다는 한 번도 같은 모습이었던 적이 없다. 그것은 끊임없이 변하면서도 변하지 않은 신비로움을 간직한 존재다.'

한국 문화와 관습에 익숙하지만, 하와이는 그 어떤 것보다 나를 많이 변화하게 했다. 태평양을 품은 하와이에서는 마음도 그만큼 넓어졌다. '그럴 수 있지' '좀 기다리면 되지' '곧 오겠지' '먼저 도와줄까?' 내 안의 또 다른 인격체가 자랐다. 하림의 노래 '사랑이 다른 사랑으로 잊혀지네'처럼 사람에게 받은 상처는 또 다른 사람이 덧발라 주었고, 미움은 이내 자비가 되었다. 어쩌면, 하와이에서 배운 생활이 나를 더 사람답게, 더 단단하고 가득 찬 사람으로 만들어준 게 아닐까 생각된다.

나는, 하와이가 맺어준 인연을 더 각별하게 여긴다. 혈연이라고는 여동생밖에 없는 내게 하와이 오빠, 언니, 남동생, 여동생과 그의 가족들까지 생겼다. 하와이를 좋아하는 마음으로 하나 된 알로하 패밀리 모임은 말로만 꿈꾸던 세 가족의 하와이 여행을 현실로 만들었다. 하와이 책을 출간하며 교류하게 된 독자들은 이제 서로의 삶을 응원하는 친구가 되었다. 하와이로 맺어진 거미줄처럼 촘촘하게 연결된 이들이 곳곳에 있다. 서로 다른 존재들이 '하와이'라는 시간을 통과하며 인생을 반짝이게, 윤택하게, 풍성하게 만들어준다.

와이키키 해변을 보며 이 책을 마감했다. 와이키키를 지날 때면 유독 시선이 오랫동안 머무르는 장소가 있다. 바로 '포트 드루시 해변 공원(Fort DeRussy Beach Park)'. 미국 군인 호텔로 알려진 '할레코아(Hale Koa)'와 군인 박물관인 '하와이 군인 뮤지엄(Hawaii Army Museum)' 사이 위치한 공원이다. 도심 내 공원이라 그리 넓지는 않지만, 내 눈에는 그림 속 한 장면처럼 느껴지는 곳이다. 나무 그늘에서 배드민턴을 치는 노부부가 있고, 매트를 깔고 요가하는 이들도 있다. 고단한 노동자는 잠시 잠을 청하기도 한다. 나도 나무 아래서 아무 생각 없이 누워보고 싶다는 생각을 오랫동안 했다. 하지만 출장 일정으로 찾다 보면, 공원 잔디에 타월 하나 펼칠 여유가 없었다. 이번에는 마감하고 나니 뭐랄까, 10년의 하와이를 정리했다는 생각에 마음이 좀 가벼워졌달까. 포케와 비치타월을 챙겨 햇살 좋은 오전 야자수 나무 아래 자리를 폈다. 귀에 닿는 소리가 평화롭다. 포장해 온 포케를 뚝딱 해치우고 누워 하늘을 보니 야자수 잎사귀가 투명하고 싱그럽기 그지없다. 태양이 잎사귀 사이에서 숨바꼭질한다. 이 별거 아닌 순간을 즐기는 데 참 오래

걸렸다.

하와이는 배려(Akahai), 조화(Lokahi), 기쁨('Olu'olu), 겸손(Ha'aha'a), 인내(Ahonui)를 품은 알로하(ALOHA)의 정신을 내게 스스로 깨치게 했다. 짝사랑이면서 애증이기도 했고, 열병이면서 치료제이기도 했던 하와이. 어떤 곳보다 편하고 익숙한 이곳. 그 어떤 순간에도 투명하고 푸른 하와이 공기, 바람, 바다, 모든 것이 항상 제자리에 있다.

이곳에서 인생의 많은 경험을 더했고, 차곡차곡 쌓인 시간은 내게 값진 순간이 되었다. "인생 여행지가 어디인가요?" 하고 물으면, 1초의 망설임도 없이 '하와이'라고 답할 수 있다. 누군가에게도 인생 최고의 여행지가 되면 좋겠지만, 그게 아니더라도 괜찮다. 높은 물가, 적응할 수 없는 팁 등 미국 문화가 종종 발목을 잡지만, 그럼에도 불구하고 '하와이 좋았지' 하며 그 순간을 회상할 수 있으면 좋겠다. 그 선명하고 또렷한 기억으로 반짝일 수 있기를, 인생을 살면서 꼭 한 번은 알로하를 느껴보기를, 하와이를 만나보길 희망한다. 프라하의 인연이었던, 이름조차 모르는 그 부부에게 마음 깊이 감사함을 전한다.

WELCOME TO HISTORIC
SURF N SEA
BUILT IN 1921
HAWAII'S OLDEST SURF & DIVE SHOP
SINCE 1965
HELP WANTED
WARNING
Security Cameras In Use
Oahu
HAWAII POLO CLUB
(60)
KAI LENN

vertra
ELEMENTAL RESISTANCE
SURFBOARDS
reeb

해피 알로하 하와이

초판1쇄 2025년 9월 22일 **지은이** 박성혜 **사진** 박성혜 **펴낸이** 한효정 **편집교정** 안수경 **기획** 박화목 **디자인** d.purple **일러스트** 이선화/Freepik **마케팅** 안수경 **펴낸곳** 도서출판 푸른향기 **출판등록** 2004년 9월 16일 제 320-2004-54호 **주소** 서울 영등포구 선유로 43가길 24 104-1002 (07210) **이메일** prunbook@naver.com **전화번호** 02-2671-5663 **팩스** 02-2671-5662 **홈페이지** prunbook.com | facebook.com/prunbook | instagram.com/prunbook

ISBN 978-89-6782-250-7 03940
ⓒ 박성혜, 2025, Printed in Korea